Gerhard Büttner / Larissa Carina Seelbach

Kinder und die großen Antworten

Gerhard Büttner / Larissa Carina Seelbach
unter Mitarbeit von Michael Klein

Kinder und die großen Antworten

Generationsübergreifende Impulse
für Schule und Gemeinde

Calwer Verlag Stuttgart

Gedruckt mit freundlicher Unterstützung der Calwer Verlag-Stiftung.

Bibliografische Information der Deutschen Bibliothek
Die Deutsche Bibliothek verzeichnet diese Publikation in der Deutschen Nationalbibliografie;
detaillierte bibliografische Daten sind im Internet über *http://dnb.ddb.de* abrufbar.

ISBN 978–3–7668–4457–6

Satz und Herstellung: Karin Class, Calwer Verlag
Umschlaggestaltung: Rainer E. Rühl, Alsheim unter Verwendung des Bildes
„Der Bibliothekar" von Giuseppe Arcimboldo. Quelle: Wikimedia Commons
Druck und Verarbeitung: AZ Druck und Datentechnik, Kempten

Internet: www.calwer.com
E-Mail: info@calwer.com

Inhalt

Einführung

Am Anfang des kindertheologischen Diskurses stand das Interesse an den Kinderfragen. Ein Markstein dafür ist Rainer Oberthürs Bestseller „Kinder und die großen Fragen" (1995). Es war in der Tat eine Entdeckung, einmal zu schauen, was denn Kinder so interessiert, wenn man sie direkt danach fragt. Nicht überraschend stieß man dabei auf Varianten der Theodizeefrage (Bucher 1992). Damit wurde sichtbar, dass sich auch Kinder bereits in einem Fragehorizont bewegen, der für Jugendliche häufig als Einfallstor des Glaubenszweifels angesehen wird (Nipkow 1987) und vermutlich auch für Erwachsene eine bestimmende Rolle spielt. Mit dieser und ähnlichen Fragen wurde aber auch deutlich, dass es die „nicht-entscheidbaren Fragen" (von Foerster, 2002) sind, die im kindertheologischen Diskurs eine entscheidende Rolle spielen. Die Kinder brauchen hier keine Schlüssel-Schloss-Antwort, sondern erwachsene Gesprächspartner/innen, die sich erst einmal auf die Frage einlassen, ihre logische und ihre existentielle Dimension nachvollziehen und den Kindern dann Antwortversuche nahe bringen, von denen gleichwohl klar ist, dass sie das Problemfeld nicht ein für alle Mal abklären können. Es geht bei diesem Frage-und-Antwort-Spiel eher darum, einen Sachverhalt genauer in den Blick zu nehmen, als darum, ihn gewissermaßen aus der Welt zu schaffen.

Dabei ist die Frage-und-Antwort-Konstellation in gewisser Weise auch diffizil. Die Frage-und-Antwort-Passagen der platonischen Dialoge sind auf ihre Weise bis heute stilbildend. Hier fragt überraschenderweise der Wissende den Unwissenden. Die Fragen sind irgendwie keine echten und auf ihre Weise sind sie immer auch ein Herrschaftsinstrument. Ähnlich verhält es sich mit den Katechismen. Die Fragen sind hier oft solche, die ein „normaler Mensch" eher nicht stellen würde – und schon gar kein Kind. Theologische Antworten erscheinen hier in einer „Richtigkeit", die einerseits Sicherheit suggeriert, andererseits jedoch für viele Heutige abschreckend wirken kann. Es droht die Gefahr, dass die in solchen Fragen letztlich immer mitschwingenden Unsicherheiten bei der Antwortgabe nicht mehr sichtbar werden.

Doch der Fokus auf die Fragen lässt uns leicht vergessen, dass die Antworten gleichwohl dringlich sind und eine große Dankbarkeit erzeugt wird, wenn Menschen Antworten geben, die sie auf ihre Weise auch mit ihrem Leben verbürgen. Es geht also hier um Wahrheit in einem pragmatischen Sinn. Neben der logischen Konsistenz wird wichtig, ob die Antwortgeber sich selbst an diese Antwort gebunden wissen. Letztlich ist es schwierig, in Fragen des Glaubens Antworten zu geben, die allein von einer kirchlichen Autorität garantiert werden. Man soll diese nicht gering schätzen, weil es auch hilfreich ist zu erfahren, dass die eigenen Fragen nicht von mir allein kommen, sondern – genau wie die Antworten! – offenbar die Geschichte der christlichen Kirche von Anfang an begleiten. Deshalb unterscheidet sich die Situation in Philosophie und Theologie an dieser Stelle grundlegend von den Naturwissenschaften. Ein

Physik- oder Biologiebuch, das 100 Jahre alt ist, interessiert im Grunde nur noch die Wissenschaftshistoriker. Doch eine theologische Antwort, die ein mittelalterlicher Denker gab, ist per se nicht schlechter als die einer Theologin bzw. eines Theologen der Gegenwart.

In der kindertheologischen Diskussion ist der Phase des Interesses an Kinderfragen und Kindervorstellungen zu theologischen Themen ein Nachdenken darüber gefolgt, was man denn den Kindern als „Speise" (engl. *nurture*) für ihren religiösen Fragehunger bieten könne. Betrachtet man prominente Antwortversuche, so zeigen sich zwei markante Defizite. Diese sind letztlich der „Moderne" der zugrunde liegenden Theologie geschuldet. Diese Bücher verfolgen das ehrenwerte Ziel, inklusiv sein zu wollen. D.h., dass sie nicht nur die Differenzen zwischen Protestanten und Katholiken überspielen, sondern auch für Juden und Muslime im Prinzip akzeptabel sein wollen (Biesinger/ Kohler-Spiegel 2013). Das hat z.B. die Konsequenz, dass sie sich auf die Gottesfrage konzentrieren, christologische Aussagen aber faktisch verweigern. Zudem versucht man die aporetischen oder paradoxen Gedankengänge eher zu umgehen. Ansonsten sind alle Versuche von einem Wesenszug der modernen Theologie bestimmt, ihrer historisierenden Perspektive. Jede Theologin und jeder Theologe weiß, dass eigentlich alle theologischen Überlegungen sich im Laufe der Geschichte „entwickelt" haben. Damit kommt eine Perspektive des Relativismus ins Spiel. Diese ist in einem aufklärerischen Sinne antidogmatisch. Sie entlastet aber in der Argumentation. Ich kann logische Aporien letztlich immer dadurch auflösen, dass ich darauf verweise, wie die Diskussion vorher war und wie sie weitergeht. Kinder sind dem gegenüber Metaphysiker, da sie nicht wissen wollen, wie etwas geworden ist, sondern wie es ist. Folglich habe ich meine Antworten nunmehr in derselben Zeitebene zu geben, in der das Problem formuliert ist. Wie kann Jesus Mensch und Gott zugleich sein? Ist Gott der „Bestimmer", oder habe ich einen „freien Willen"? Was passiert mit „den Bösen", wenn Gott doch alle liebt? Für solche Fragen muss auf der Ebene der Problemformulierung bedacht werden, was denkerisch möglich ist und wieweit jede Argumentation reicht. Dann muss man aber auch zugestehen, dass es an einer bestimmten Stelle nicht weitergeht, weil es nicht weitergehen kann. Also muss man neu ansetzen. Dies liegt nicht zuletzt an der Unzugänglichkeit der Thematik. Wir können – wie dies auch die Bibel tut – letztlich nur gleichnishaft reden und – das weiß auch der Volksmund – Gleichnisse hinken immer. Ihr Aussagewert beschränkt sich nämlich auf einen oder mehrere Vergleichspunkte: Gott ist eben nicht Hirte, weil er einen großen Hut hat, und nicht König wegen seiner Krone, sondern die Metapher denkt jeweils an andere Eigenschaften.

Die Ausschaltung der Differenzen hat ansonsten einen weiteren gravierenden Nachteil. Heikle Passagen, wie Strafen, Zorn Gottes, Ausschluss der jeweiligen Ungläubigen, aber auch moralische Forderungen werden in der Regel nicht thematisiert. Soweit diese für unser heutiges Verständnis „weh tun", müssen sie ja nicht autoritär vermittelt werden, aber sie ganz aus dem Diskurs zu nehmen, erscheint uns noch problematischer. Wir vermuten z.B., dass auch die problematisch empfundenen Theologoumena eher ambivalent als nur negativ anzusehen sind. Wenn dem so wäre, dann sind sie zumindest eine Abwägung wert. Die Kehrseite einer solchen „theological correctness" ist das, was Karen Marie Yust (2010) mit dem Titel „Gott als therapeutischer Butler" kritisch angemerkt hat. Es sind die Kriterien, die Smith und Denton (2005, 162f) als Merkmale amerikanischer Teenagertheologie festgehalten haben, die aber vermutlich den theologischen Mainstream in allen Altersgruppen bilden:

- ➢ Gott hat die Welt geschaffen und geordnet und beobachtet, was dort abläuft;
- ➢ Gott möchte, dass die Leute nett und freundlich zueinander sind, wie es in der Bibel und den meisten anderen Weltreligionen zu finden ist;
- ➢ Das wichtigste Lebensziel ist, glücklich zu sein und sich gut zu fühlen;
- ➢ Gott muss sich nicht in den Alltag des Lebens einmischen, außer man braucht ihn, um ein Problem zu lösen;
- ➢ Gute Menschen kommen nach dem Tod in den Himmel.

So freundlich sich diese Aussagen anhören, so lässt sich doch zeigen, dass sie den herausfordernden Ereignissen in unserer nahen und fernen Umwelt nicht gerecht werden und eine schiedlich-friedliche Welt suggerieren, die es offensichtlich nicht gibt und die sich auch in der Bibel so nirgends finden lässt.

Wie lautet nun das Konzept unseres Vorgehens? Wir schlagen vor, auf theologische Klassiker zurückzugreifen. Was erhoffen wir uns davon? Augustin, Anselm von Canterbury, Thomas von Aquin und Martin Luther argumentieren auf ihre Weise vormodern. Ihre Denkweise entspricht damit der metaphysischen der Kinder, die wissen wollen, „wie" etwas „ist". Die vier Theologen repräsentieren gewissermaßen das „westliche Christentum", insofern sie auf ihre Weise für die römisch-katholische Traditionslinie (und deren reformatorische „Fortsetzung") stehen. Diese unterscheidet sich von der der Ostkirche, von der sie sich im Laufe des Mittelalters getrennt hat, wobei Anselm noch an den Verhandlungen beteiligt war. Man kann sagen, dass die westliche Theologie dem Prinzip folgt, das Anselm so formuliert hat: dass nämlich der Glaube nach der Vernunft fragen lässt (fides quaerens intellectum). Unsere vier „Klassiker" umspannen eine Zeit vom 4. bis zum 16. Jahrhundert. Sie lebten alle auf ihre Weise in einer lateinisch geprägten Denkwelt. Deshalb erscheinen sie heutigen Leser/innen manchmal durchaus miteinander verwandt. Doch beim genaueren Betrachten – auch unserer kleinen Textausschnitte – zeigen sich interessante Unterschiede. Augustin hat in seinen berühmten „Bekenntnissen" einen Theologiestil entfaltet, der stark vom Erleben der eigenen Person ausgeht, ein Stil, in dem ihm mehr als tausend Jahre später der Augustiner-Mönch Martin Luther gefolgt ist. Dem stehen mit Anselm und besonders Thomas zwei Denker gegenüber, die überzeugt sind, dass sie auf der Grundlage der Synthese von antiker Philosophie und biblischer Tradition grundsätzlicher denken und alle Fragen gewissermaßen „von oben her" angehen können. Gerade Thomas ist damit – obgleich er vorreformatorisch im Prinzip von Katholiken und Reformierten in

Anspruch genommen werden könnte – zum exemplarischen Denker des Katholizismus bis heute geworden.

Wie verhält sich nun unsere Auswahl zur Konfessionalität? Die Autoren dieses Buches sind evangelische Theologen. Wir haben versucht, aus dem Pool der von uns ausgesuchten Theologen solche „Statements" auszuwählen, die dem philosophisch-spekulativen Nachdenken der Kinder (und nicht nur dieser!) entsprechen. Dabei haben wir an der einen oder anderen Frage sehr wohl wahrgenommen, dass deren Beantwortungen untereinander nicht völlig kompatibel sind. Diese innere Spannung ist durchaus beabsichtigt und wird durch die beigefügten Bilder und Geschichten z.T. auch extra provoziert. Doch sehen wir die einzelnen Positionen nicht als „konfessionell" an, in dem Sinne, dass man sie jetzt als „katholisch" oder „evangelisch" bezeichnen könnte. Definitiv kontroverstheologische Fragen – etwa zum Abendmahlsverständnis – haben wir bewusst weggelassen. Gleichwohl haben natürlich einzelne Äußerungen eine konfessionelle „Färbung". Dies ist auch sinnvoll, weil es in den Gesprächen, die wir anregen möchten, ja gerade darum geht, die Leistungsfähigkeit eines Gedankens auszutesten bis zu dem Punkt, an dem man fragen muss, ob nicht eine entgegengesetzte Argumentation in der einen oder anderen Weise auch denkbar wäre.

Angeregt hat uns das Buch „Abenteuer im Kopf" von Hans-Ludwig Freese (1995). Dort fanden wir eine Fülle von kleinen Szenen und Passagen aus der Philosophiegeschichte, die zum Philosophieren anregen können und sollen. Wir fragten uns, ob es für das theologische Gespräch mit Kindern nicht auch solche Klassiker gäbe. Diese gibt es, aber sie werden als solche nicht gewürdigt. Dies rührt vermutlich daher, dass theologischen Texten immer der Verdacht anhaftet, man müsse sie „glauben". Dies ist aber ein Missverständnis. Der „Glaube" selbst ist nicht so „greifbar" wie viele annehmen. Es geht der Theologie um dessen Verstehen, gerade angesichts der nur bedingten Zugänglichkeit ihres Gegenstandes. Und an dieser Stelle treffen sich überraschenderweise das Fragen der Kinder und das der Theologen. Von letzteren kann zurecht erwartet werden, dass sie imstande sind, Fragestellungen und Antwortversuche besser und genauer zu konturieren. Das ist denn auch die Leistung, die die Glaubenden (und Zweifelnden) von ihnen erwarten können. Genau nach dieser Aufgabenstellung haben wir unsere Texte, Bilder und Geschichten ausgewählt. Wenn unsere „Antworten" ihrerseits Fragen anregen, dann hat unser Buch sein Ziel erreicht.

Die Freude an der gedanklichen Auseinandersetzung mit theologischen Inhalten kann generationsübergreifend erfahren werden. Deshalb eignen sich die von uns zusammengetragenen Texte und Bilder sowohl für schulische als auch für gemeindliche Kontexte. Wir haben uns entschieden, „Geistliche Impulse" anzufügen, um unsere Anregungen für die Gemeindearbeit abzurunden. Diese Impulse sowie die kindgerechten Einführungen zu den vier großen Theologen wurden teilweise von Professor Dr. Dr. Michael Klein verfasst, dem wir als Kirchenhistoriker und Gemeindepfarrer herzlich für seine Mitarbeit danken. Unser herzlicher Dank gilt außerdem Herrn Dr. Berthold Brohm für die engagierte Betreuung des Projektes und für zahlreiche inhaltliche Hinweise, von denen die Autoren sehr profitiert haben.

Die Namen der befragten Kinder werden nicht genannt. Dadurch sollen Zuordnungsmöglichkeiten vermieden werden, sofern es sich nicht um bereits an anderer Stelle veröffentlichte Interviewausschnitte bzw. um eigenes Material von Gerhard Büttner handelt.

Sandro Botticelli, Augustin, 1480, Ognissanti, Florenz.

Augustin

Der Bischof Augustin wird auch als Kirchenvater bezeichnet. Ein Vater soll beschützen, fördern und helfen. Das ist klar. Aber was ist ein Kirchenvater? Um das zu verstehen, müssen wir auf Augustins Leben schauen. Dieses war ein ganz besonderes, und dabei spielt zunächst eine Rolle, dass Augustin auch wirklich einen Sohn hatte: Adeodatus hieß er. Für einen Bischof der römisch-katholischen Kirche war das sehr ungewöhnlich. Aber: Augustin war nicht immer Bischof und hatte auch eigentlich gar nicht vor, ein katholischer Geistlicher zu werden. Hätte man es ihm als jungem Mann vorausgesagt, hätte er wohl laut aufgelacht. Mit dem christlichen Glauben konnte er nämlich damals überhaupt nichts anfangen.

Geboren wurde Augustin im Jahre 354 in Thagaste im heutigen Algerien. Seine Mutter Monnica hatte ihn christlich erzogen. Im Römischen Reich, das zum Zeitpunkt der Geburt Augustins weite Teile von Europa, dem Nahen Osten und Nordafrika beherrschte, war das Christentum erst vor wenigen Jahrzehnten von einer verfolgten Kirche zu einer anerkannten, vom Staat unterstützten Einrichtung geworden. Der begabte junge Augustin sollte es nach dem Willen seiner Mutter weit bringen. Und tatsächlich wurde er Professor für Rhetorik in Mailand, wo damals der römische Kaiser residierte. Vom Glauben seiner Kinderzeit hielt Augustin zu dieser Zeit nicht mehr viel. Einige Jahre hatte er versucht, in der Philosophie sein Glück zu finden, dann in einer religiösen Sekte. Doch in Mailand lernte er den Bischof Ambrosius kennen, der ihm das Christentum so vermittelte, dass er sich schließlich bekehrte. Er gab seine berufliche Stellung auf und kehrte nach Nordafrika in seine Heimat zurück. Eines Tages wurde er – eigentlich gegen seinen Willen – in der Hafenstadt Hippo zum Bischof gewählt. Solch ein Amt durfte man nicht ausschlagen. Jetzt musste Augustin im Alltag den Christen beistehen und die Kirche, die oft heftig bekämpft wurde, festigen helfen. Vor allem aber wollte er zeigen, dass es sinnvoll war, christlich zu glauben. Kaum jemand schrieb so viel und so brillant, um die christliche Botschaft den Menschen nahe zu bringen und sie gegenüber ihren Gegnern zu verteidigen, wie er. Als er im Jahre 430 starb, wurde seine Heimatstadt Hippo von den Vandalen erobert. Wenige Jahre später ging das einst so mächtige Römische Reich unter.

Die Kirche überstand alle politischen Wirren und blieb bestehen. Für viele Menschen war sie die einzige Ordnungskraft in einer ganz unruhigen Zeit. Wohl kaum ein anderer hatte so viel dazu beigetragen wie Augustin. Deshalb hat man ihn auch zu Recht einen Vater der Kirche, einen „Kirchenvater" eben, genannt.

Anselm von Canterbury, unbekanntes Porträt, spätes 16. Jahrhundert, National Portrait Gallery, London.

Anselm von Canterbury

Anselm war gebürtiger Italiener. Er wurde im Jahre 1033 in der Stadt Aosta in Norditalien geboren. Sein Vater war ein Edelmann. Schon früh wurde dem jungen Anselm der Glaube wichtig. In seinen Träumen, so wird berichtet, träumte er sich auf die Berggipfel der Alpen hinauf, um dort seinem Gott ganz nahe zu sein. Mit fünfzehn Jahren wollte er in ein Kloster eintreten, aber der Vater verbot es ihm. Daher betete er um eine schwere Krankheit, in der Hoffnung, so den Vater zu erweichen. Er erkrankte, aber der Vater blieb hart. Anselm wurde nach seiner Genesung Ritter, bis er sich schließlich gegen den Vater wandte und seine Heimat verließ.

Auf seiner Wanderschaft kam er zum Kloster Bec in der Normandie in Nordfrankreich. Hier nahm man ihn auf. Anselm wurde Mönch, bald Prior und schließlich Abt. Ihm war es immer wichtig gewesen, den Glauben nachdenkend zu verstehen. Und so heißt eines seiner Bücher: „Warum wurde Gott Mensch?" Ja, warum? Anselm sagt es so. Der Mensch wird Gottes Erwartungen gerecht, wenn er tut, was Gott will. Aber er tut das nicht und verweigert damit Gott die ihm zustehende Ehre. Das ist die Schuld des Menschen. Die missachtete Ehre Gottes muss wiederhergestellt werden. Kein Mensch kann das schaffen. Aus diesem Grund tut Gott dies selbst durch seinen Sohn Jesus Christus. Weil Jesus das aus freien Stücken tut, will Gott ihn belohnen. Aber weil er der Sohn Gottes ist, hat er bereits alles, was Gott gehört. Und so schenkt Gott den Lohn Jesu den Menschen, denen deshalb ihre Sünden vergeben werden. Daher also wurde Gott (in Jesus Christus) Mensch!

Anselm blieb nicht im Kloster Bec. Er zog nach Canterbury im Südosten Englands. Damals bildeten die Normandie und England ein Land. So wurde Anselm Erzbischof der bedeutendsten englischen Diözese, eben der von Canterbury, und so erhielt er seinen Namen.

Anselm verstand sich jedoch nicht mit dem englischen König. Deshalb verließ er das Land bald wieder. Nach dem Tode des Königs kehrte er wieder zurück. Mit dem neuen König gab es ebenfalls Streit, und Anselm musste wieder weggehen. Irgendwann verständigten sich die beiden und wurden so gute Freunde, dass Anselm sogar das Königreich verwaltete, wenn der König einmal außer Landes war. Nach einem langen, erlebnisreichen Leben ist Anselm im Jahre 1109 gestorben.

Carlo Crivelli, Thomas von Aquin, 1476.

Thomas von Aquin

Thomas von Aquin wurde im Jahre 1225 auf einem Schloss geboren. Roccasecca heißt es; zwischen Rom und Neapel gelegen. Auf diesem Schloss konnte Thomas nicht lange bleiben. Als er fünf Jahre alt war, übergaben ihn seine Eltern den Benediktiner-Mönchen des berühmten Klosters auf dem Monte Cassino in Süditalien. Thomas studierte dann in Neapel. Hier lernte er eine große Stadt kennen. Besonders fielen ihm die neuen Bettel- orden auf. In ihnen waren Mönche, die nicht vom Reichtum ihrer Klöster leben wollten, sondern sich ihren Unterhalt – wie es der Name sagt – erbettelten. Diese Mönche wollten in Armut leben, um so Christus besser nachfolgen zu können, weil dieser selbst auch kei- ne irdischen Reichtümer besessen hatte. Thomas entschloss sich, dem Bettelorden der Dominikaner beizutreten. Seine Familie war dagegen und sperrte ihn im Schlossturm ein. Doch Thomas ließ sich nicht umstimmen und wurde 1244 Dominikaner. Ein Jahr später schon schickten ihn die Klosterbrüder zum Studium an die Universitäten Bologna und Paris. Paris hatte damals die bedeutendste Universität in ganz Europa. Dort lehrte man die Scholastik, eine wissenschaftliche Methode, die das Für und Wider eines Sachverhaltes aufzählt und dann abwägt. In Paris lehrte Albertus Magnus, also zu Deutsch: Albert der Große. Dieser Albert der Große war der bedeutendste Theologe seiner Zeit. Somit lernte Thomas an der besten Universität und beim besten Theologen. Mit Albert ging Thomas auch an die Universität Köln. Thomas wurde dann selbst Universitätslehrer in Paris, Rom und Neapel. Ihm war es wichtig, die menschliche Vernunft und die göttliche Offenbarung durch logisches Denken so zu verbinden, dass zwischen ihnen kein Widerspruch, sondern eine Harmonie entstand. Das ist Thomas derart gut gelungen, dass er bis heute als einer der bedeutendsten Theologen der katholischen Kirche gilt. Thomas war im Übrigen ein Vielschreiber; oft mussten gleich mehrere Sekretäre für ihn arbeiten. Vielleicht war er auch ein Vielesser. Jedenfalls verfügte er über eine solche Leibesfülle, dass man sagt, in den Schreibtisch sei eigens eine Ausbuchtung für seinen Bauch hineingeschnitten wor- den. Am Nikolaustag 1273 geschah dann etwas ganz Seltsames. Der große Kirchenlehrer weigerte sich, noch irgendetwas zu schreiben. Er hatte eine Vision gehabt, gegen die alles menschliche Reden ihm wie Stroh erschien. So schwieg Thomas die letzten Monate seines Lebens. 1274 ist er gestorben.

Lucas Cranach d.Ä., Martin Luther, 1529.

Martin Luther

Martin Luther wurde am 10. November 1483 in Eisleben in Thüringen geboren und verstarb hier auch 62 Jahre später, am 18. Februar 1546. Luthers Vater war im Bergbau beschäftigt. Er zog mit seiner Familie von Eisleben nach Mansfeld, weil es für ihn dort bessere Möglichkeiten gab. Es war sein Wunsch, dass sein Sohn Martin beruflich noch weitaus erfolgreicher werden solle, vielleicht ein hoher Beamter oder der Berater eines Fürsten. Deshalb besuchte Martin Luther nach der Elementarschule in Mansfeld die höhere Schule in Eisenach. In Erfurt begann er dann mit dem Studium der Rechtswissenschaften. Buchstäblich ein Blitzschlag veränderte seine Lebensplanung. Als in einem schweren Gewitter ein Blitz neben ihm einschlug, gelobte er in Todesangst, ein Mönch zu werden, falls er überleben würde. Er hielt sich an sein Gelübde. Als Mönch zu leben, schien damals der sicherste und beste Weg, Gott zu gefallen. Dies war für alle Menschen sehr wichtig. Von Gott einmal nach dem Tode verurteilt zu werden, war eine schreckliche Vorstellung. Das sagte auch die Kirche. Aber wer lebte schon so, wie Gott es wollte? Wer tat nie etwas Schlechtes? Deshalb gab es Angebote der Kirche, sich Gottes Zuwendung geradezu zu erkaufen. Etwa durch Bescheinigungen, Ablassbriefe genannt, für die sehr viel Geld ausgegeben werden musste. Wer ganz sicher gehen wollte, wurde wie Martin Luther Mönch. Trotzdem hatte Luther auch als Mönch Zweifel. Er wusste nicht, ob er Gott wirklich gefallen würde. Erst im Laufe der Zeit verstand er durch das Lesen der Bibel, dass wir Gott gefallen, wenn wir an ihn glauben und ihm vertrauen. Dann sind wir ihm recht. All das Schlechte, was uns von Gott trennt, hat Jesus am Kreuz wieder gut gemacht. Als Martin Luther das erkannte, fühlte er sich befreit. Was er jetzt wusste, sollten auch die anderen erfahren. Doch die Kirchenoberen wollten von all dem nichts hören. Wenn das so war, wie Luther sagte, dann genügte ja allein der Glaube, dann musste man nicht bei der Kirche teure Briefe kaufen, die einem die Vergebung der Schuld bestätigten. Martin Luther wurden viele Schwierigkeiten bereitet. Sogar der Papst und der Kaiser waren gegen ihn. Es hielten aber auch sehr viele Menschen zu ihm, weil sie dank Luther für sich eine ganz neue Freiheit eines Christenmenschen gefunden hatten. Selbst einige Fürsten stellten sich auf seine Seite und beschützten ihn. Letztlich konnte niemand Martin Luther etwas anhaben, wenngleich er sich zeitweise auf der Wartburg bei Eisenach in Thüringen verstecken musste. Später hat Luther, der nun kein Mönch mehr war, geheiratet und eine Familie gegründet. Bis zu seinem Lebensende hat er an der Universität in Wittenberg gelehrt. Dann ist er auf einer Dienstreise in Eisleben gestorben. Er hat die Kirche und ihre Lehren reformiert, das heißt umgestaltet. Deshalb sprechen wir von ihm als Reformator und nennen die Zeit, in der er lebte, das Zeitalter der Reformation.

Was tat Gott, bevor er Himmel und Erde schuf? Was ist Zeit?

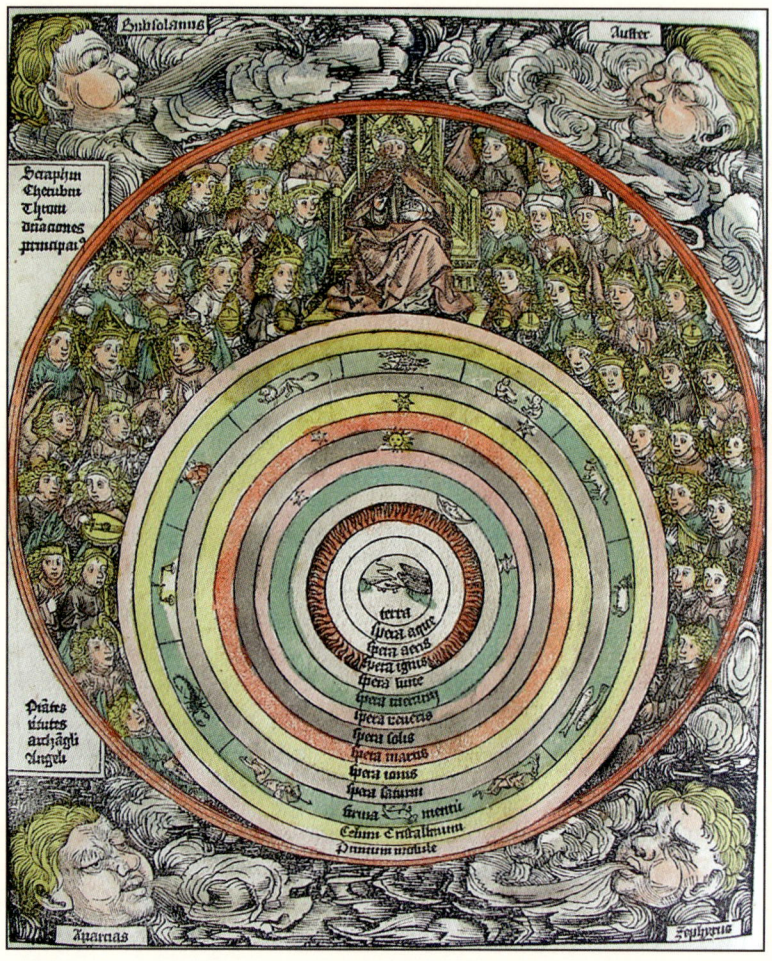

Was tat Gott, bevor er Himmel und Erde schuf? (…) Du, unser Gott, bist Schöpfer aller Kreatur, und wenn die Worte Himmel und Erde ein Inbegriff aller Kreatur sind, sage ich getrost: Ehe Gott Himmel und Erde machte, machte er nichts. Denn hätte er etwas gemacht, was wär' es anders gewesen als Kreatur? Möcht' ich doch alles, was zu wissen mir nützlich ist, so sicher wissen, wie ich weiß, dass kein Geschöpf entstand, bevor es Schöpfung gab! (…) Wenn du also der Begründer aller Zeiten bist und es eine Zeit gab, ehe du Himmel und Erde schufst, wie kann man dann sagen, dass du müßig warst? Denn eben diese Zeit hattest du geschaffen, und es konnten keine Zeiten vorübergehen, ehe du die Zeiten schufst. Wenn es aber vor Himmel und Erde keine Zeit gab, wie kann man dann fragen, was du damals tatest? Denn es gab kein damals, wo es noch keine Zeit gab. (…) So gab es denn keine Zeit, wo du noch nichts geschaffen hattest, da du die Zeit selbst geschaffen hast. Und keine Zeiten sind gleichewig wie du, denn du bleibst. Aber wenn sie blieben, wären's nicht Zeiten. Denn was ist Zeit?

Augustin

Abriss der Schöpfungsgeschichte aus der Schedelschen Weltchronik, 1493.

Es war einmal ein Hirtenbübchen, das war wegen seiner weisen Antworten, die es auf alle Fragen gab, weit und breit berühmt. Der König des Landes hörte auch davon, glaubte es nicht und ließ das Bübchen kommen. Da sprach er zu ihm: „Kannst du mir auf drei Fragen, die ich dir vorlegen will, Antwort geben, so will ich dich ansehen wie mein eigen Kind, und du sollst bei mir in meinem königlichen Schloss wohnen." Sprach das Büblein: „Wie lauten die drei Fragen?" Der König sagte: „Die erste lautet: wie viel Tropfen Wasser sind in dem Weltmeer?" Das Hirtenbüblein antwortete: „Herr König, lasst alle Flüsse auf der Erde verstopfen, damit kein Tröpflein mehr daraus ins Meer lauft, das ich nicht erst gezählt habe, so will ich Euch sagen, wie viel Tropfen im Meere sind." Sprach der König: „Die andere Frage lautet: wie viel Sterne stehen am Himmel?" Das Hirtenbüblein sagte: „Gebt mir einen großen Bogen weiß Papier" und dann machte es mit der Feder so viel feine Punkte darauf, dass sie kaum zu sehen und fast gar nicht zu zählen waren und einem die Augen vergingen, wenn man darauf blickte. Darauf sprach es: „So viel Sterne stehen am Himmel, als hier Punkte auf dem Papier, zählt sie nur." Aber niemand war dazu imstand. Sprach der König: „Die dritte Frage lautet: wie viel Sekunden hat die Ewigkeit?" Da sagte das Hirtenbüblein: „In Hinterpommern liegt der Demantberg, der hat eine Stunde in die Höhe, eine Stunde in die Breite und eine Stunde in die Tiefe; dahin kommt alle hundert Jahr ein Vöglein und wetzt sein Schnäbelein daran, und wenn der ganze Berg abgewetzt ist, dann ist die erste Sekunde von der Ewigkeit vorbei."

1. Zum Augustin-Text

Mit der Frage, was Gott vor der Schöpfung tat, greift Augustin einen Streitpunkt mit der antiken Philosophie und der in seiner Zeit einflussreichen Sekte der Manichäer auf. Hätte Gott etwas getan, bevor er die Welt erschaffen hatte, dann würde dies eine Zeit vor der Schöpfung implizieren. Ohne Schöpfung war Zeit für Augustin jedoch undenkbar (conf. 11,40).

Gott ist der Schöpfer aller Dinge, auch der Zeit. Er schuf als absoluter Urheber alles aus dem Nichts heraus, d.h. nicht aus sich selbst, da die zeitliche Schöpfung nicht mit dem ewigen Schöpfer wesensgleich sein kann. Somit geht Gott seiner Schöpfung in Ewigkeit, nicht in der Zeit, voran. Augustin zeichnet im elften Buch seiner „Confessiones" die Zeit als ein subjektives Phänomen, da ihr nur in unserem Inneren durch bewusstes Vergegenwärtigen ein Sein zukomme, nämlich als Gegenwart des Vergangenen, Gegenwart des Gegenwärtigen und Gegenwart des Zukünftigen (conf. 11,26). Deshalb beschreibt der Kirchenvater Zeit als „distentio animi" (conf. 11,33), als Erstreckung des Geistes. Augustin schildert sich als zerflossen in den Zeiten, deren Ordnung ihm unbekannt sei. Er erhofft sich die Reinigung und Läuterung seiner wirr zerrissenen zeitlichen Gedanken beim Einmünden in Gottes Ewigkeit (vgl. conf. 11,39).

Der Textabschnitt geht auf den Unterschied zwischen ewig-unveränderlichem und veränderlich-kreatürlichem Sein ein, die qualitativ verschieden sind. Dem Menschen ist es durch seine Existenz in der Zeit nicht möglich, sich auf Gott in seiner ewigen Gegenwart zu konzentrieren.

2. Himmelsbild aus der Schedelschen Weltchronik

Das Himmelsbild von 1493 setzt sich aus drei einzelnen Bildern zusammen. Es unternimmt den zeitlosen Versuch, das biblisch-theologische mit dem zeitgenössischen Weltbild zu vereinen, um so u.a. das Verhältnis von Zeit und Ewigkeit zu veranschaulichen. Mithilfe der vier Winde *Boreas* im Norden, *Notos* im Süden, *Aphelios* im Osten und *Zephyr* im Westen wird der Himmel der griechischen Antike als äußerer Rahmen dargestellt. Das im Entstehungszeitraum gültige Weltbild der Astronomie wird durch den großen, rot umrandeten Kreis abgegrenzt und bildet den christlichen Himmel als Ort der Ewigkeit und der glückseligen Gottesschau ab, der jenseits des Firmaments liegt und von Engeln bewohnt wird. Über allen Engeln thront Jesus Christus auf seinem Richterstuhl. Im Bildvordergrund sind konzentrische Kreise zu sehen, die das Weltbild des Ptolemäus widerspiegeln. Der Himmel umfasst Erde, Mond, Sonne und Planeten und ist in einen durch Sternzeichen abgegrenzten Makrokosmos eingebettet.

3. Das Märchen vom Hirtenbüblein

Das Märchen vom Hirtenbüblein erzählt von Dimensionen, die der Mensch mit seinen begrenzten Möglichkeiten nie ermessen kann. Expemlarisch hierfür werden die Wassertropfen im Meer, die Sterne am Himmel und die Sekundenanzahl der Ewigkeit genannt. Nur durch Bilder, deren Unzulänglichkeit auf der Hand liegt, lassen sich die Unendlichkeit und die Ewigkeit umschreiben. Der Clou an dem Märchen ist also letztlich, dass das Hirtenbüblein antwortet, ohne eine abschließende Lösung zu bieten. So verhält es sich auch im Blick auf unsere Frage nach dem Verhältnis von Zeit und Ewigkeit. Da wir uns in der zeitlichen Dimension befinden und aus dieser nicht heraus können, verfügen wir über keine abschließende Erkenntnis der Ewigkeit, da diese unseren Verstand übersteigt. Wahre Weisheit besteht demnach im Aushalten der Begrenztheit der eigenen Auffassungsgabe. Theologisch gesprochen zeigt sich hier der kategorische Unterschied zwischen zeitlichen Geschöpfen und Gott, ihrem ewigen Schöpfer.

4. Was Kinder dazu sagen

Frage: „Was ist der Unterschied zwischen Zeit und Ewigkeit?"
Mädchen (9 Jahre): „Die Zeit geht irgendwann zu Ende, die Ewigkeit nicht. Die Ewigkeit bleibt immer."

Frage: „Können Menschen die Ewigkeit verstehen?"
Mädchen: „Nein. Die Ewigkeit hat Gott gemacht. Vielleicht ist die Ewigkeit aber auch mit ihm gekommen."

Frage: „Hat Gott einen Anfang?"
Mädchen: „Nein. Die Ewigkeit auch nicht. Sie war schon immer da, mit Gott."

Frage: „Kann uns die gleiche Zeitspanne das eine Mal lang und das andere Mal kurz vorkommen?"
Junge A (13 Jahre): „Also in der Schule manchmal. Da haben wir erst Dienstag, aber da kommt es mir vor, als hätten wir schon Freitag. Also manchmal gehen die Wochen voll schnell um und manchmal dauert es auch einfach voll lange. Wenn wir dann ein neues Thema anfangen, das schwer ist, das man dann auch immer wieder üben muss."
Junge B (13 Jahre): „Wenn man dann so kurz vor den Ferien ist, kommt es einem vor Schulschluss immer so lange vor."

Frage: „Was tat Gott, bevor er den Himmel und die Erde erschaffen hat?"
Junge A: „Vielleicht hat Gott da ja einen anderen Planeten erschaffen und dann, als er da fertig war, hat er die Erde erschaffen."
Junge B: „Kann ich mir gut vorstellen."

5. Vorschläge

Die Auseinandersetzung mit dem Thema Zeit eignet sich, um auf die Begrenztheit und Fehleranfälligkeit menschlicher Erklärungen und Wahrnehmungen aufmerksam zu machen. Mithilfe von kleinen Sanduhren (Zahnputzuhren) und Stoppuhren kann experimentell erfahren werden, dass jede und jeder Zeit anders in ihrem/seinem Inneren misst. Dafür erhalten immer zwei Schüler/innen eine Sanduhr, die zwei Minuten zum Durchlaufen braucht. Mit verbundenen Augen soll ein Schüler/eine Schülerin erraten, wann die Sanduhr vollständig durchgelaufen ist. Der/die andere misst mit einer Stoppuhr die tatsächlich verstrichene Zeit. Anschließend tauschen sich alle Zweiergruppen im Plenum aus.

Weiterführende Fragen
➢ Können wir die Zeit mit unserem Verstand, ohne Hilfsmittel, exakt bestimmen?
➢ Können wir aus der Zeit heraus Aussagen über die Ewigkeit machen?
➢ Menschen haben je eine eigene Lebenszeit. Wie stellt ihr euch das bei Gott vor?

*W*ie lange dauert die Schöpfung?

Der Schöpfer nämlich, von dem die Schrift erzählt, dass er alle seine Werke in sechs Tagen vollbracht hat (Gen 2,2), ist derselbe, von dem es an einer anderen Stelle heißt, was durchaus keinen Widerspruch bedeutet, dass er alles zugleich erschaffen hat (Sir 18,1). Daher schuf er auch jene sechs oder sieben Tage, oder vielmehr den einen, sechs- oder siebenmal wiederholten Tag zugleich, schuf ihn als der, der alles zugleich erschaffen hat. Was war es dann aber nötig, so genau und deutlich von sechs Tagen zu erzählen? Offenbar, weil es Menschen gibt, die eine Aussage wie diese: ‚Er schuf alles zugleich‘ nur dann erfassen können, wenn die Erzählung sich ihrem langsamen Begreifen anpasst und sie schrittweise dorthin führt, wohin sie von sich aus nicht zu gelangen vermögen.

Augustin

Die Schöpfung, aus der Werkstatt von Lucas Cranach d.Ä., Vorsatzblatt zur Luther-Bibel von 1534, farbiger Holzschnitt.

Annette Güldner: Schöpfung oder Urknall?

An Gott als den Schöpfer des Himmels und der Erde zu glauben, ist keine Entscheidung gegen die Erkenntnisse der Naturwissenschaften. Evolutionstheorie, Chaostheorie und Urknall sind keine Konkurrenz für die Schöpfungs-Geschichten und Schöpfungs-*Psalmen* in der Bibel.

Ein Jugendlicher verfasste im Kirchlichen Unterricht zum Thema Schöpfung seinen eigenen Psalm:

Am Anfang ließ Gott es heftig knallen ...

Das steht so nicht in der Bibel. Als die Bibel ihre heutige Gestalt bekam, war die Theorie vom Urknall noch nicht erfunden. Der Junge hat aber einfach nur genau das getan, was die Verfasser der Texte in der Bibel auch getan haben. Wie sie alle hat er von *seinen* Erfahrungen mit Gott gesprochen. Der Stand wissenschaftlicher Erkenntnisse gehört dazu. Ebenso auch alle anderen Erfahrungen mit Gott, dem Leben, der Welt und den Menschen. Entscheidend ist, dass es *Gott* war, der es heftig knallen ließ.

1. Zum Augustin-Text

Augustin hat sich immer wieder mit verschiedenen Aspekten der Schöpfungslehre auseinandergesetzt. Seiner Auffassung nach habe Gott seine Werke nicht etwa aus Notwendigkeit eines Bedürfnisses, sondern vielmehr aus Überfluss eines Wohlwollens geschaffen (Gn. litt. 1,7,13). Die Welt und damit auch jeder einzelne Mensch verdankt sich und seine ganze Existenz somit Gott.

Die in unserem Textauszug vertretenen Auffassungen, dass die Schöpfung ein geschichtlicher Vorgang gewesen sei und dass es eine Simultanschöpfung gegeben habe, werden vom Kirchenvater beide vertreten und nicht als sich gegenseitig ausschließende Positionen verstanden. Indem das Sechstagewerk als ein einziger Tag angesehen werden kann, trägt die biblisch historisierende Darstellung dem begrenzten menschlichen Verstand Rechnung.

Die Simultanschöpfungstheorie geht mit der Lehre von den sogenannten „rationes causales" bzw. „rationes seminales" einher. Diese Begriffe benennen latente Entwicklungskräfte in geschaffenen Lebewesen bzw. dynamische Evolutionsprinzipien, die nicht im Widerspruch zu Naturgesetzen stehen. Augustin versucht also sowohl die Vorstellung, dass Gott alles zugleich erschaffen hat, als auch die Ermöglichung einer schrittweisen Entwicklung der Schöpfung aus den „rationes causales" bzw. „rationes seminales" heraus miteinander zu vereinbaren. Entscheidend für den Menschen, dessen Begreifen niemals an Gottes Gedanken heranreichen kann, ist jedoch nicht die Art und Weise, wie er geschaffen wurde. Entscheidend ist die Tatsache, dass er von Gott geschaffen wurde und zu diesem in einer ganz besonderen, das ganze menschliche Sein umfassenden Beziehung steht: „… denn auf dich hin hast du uns gemacht, und unruhig ist unser Herz, bis es ruht in dir." (conf. 1.1)

2. Der Holzschnitt von Lucas Cranach d.Ä.

Lucas Cranach d.Ä. lieferte für die 1534 erschienene, erste komplette Bibelübersetzung Martin Luthers zahlreiche Illustrationen. Diese waren deshalb besonders wichtig, da erst wenige Menschen lesen konnten. Dennoch wollten aber viele gerne wissen, was die Bibel ihnen Wichtiges für ihr eigenes Leben zu sagen hatte. Einem Bild, das einen biblischen Text veranschaulichen sollte, kam deshalb die Aufgabe zu, ein möglichst unmittelbares Verständnis beim Betrachter zu wecken. Der Schöpfungsholzschnitt macht deutlich, dass Gott zwar zweifelsohne über unserer Welt steht, diese aber von ihm umgeben, gewollt und gehalten ist. Gottes Haltung strahlt Wohlwollen und Schöpfergüte aus. Die Schöpfung ist im Zentrum des Bildes, und das ganze sie umgebende Universum liegt Gott buchstäblich am Herzen. Dennoch bleibt der Mensch samt seiner Mitkreatur und Mitschöpfung in einem auf sich selbst bezogenen Innenraum.

Für Cranach und seine Zeitgenossen stand es außer Frage, dass Mensch, Natur und Welt ihr Dasein Gott verdanken.

3. Der Text von Annette Güldner

Annette Güldner geht nicht auf die gängigen Grabenkämpfe und mühsamen Diskussionen über das Verhältnis von Naturwissenschaft und Glauben ein. Indem sie die Notwendigkeit von etwaigen Konkurrenzen schlichtweg negiert, macht sie eine erfrischende Zäsur, die zugleich den Blick für das Wesentliche schärft: Es geht um die Erfahrung, die wir mit Gott machen!

Es geht nicht in erster Linie darum, wie die Welt und wir entstanden sind, sondern darum, wer uns ins Leben gerufen hat. Es gilt, unser Leben nicht primär als zu entschlüsselndes Rätsel zu verstehen – was hätten wir letztendlich davon? –, sondern als wunderbares Geschenk. Auf dieses Geschenk muss man sich einlassen, um seinen Wert zu ermessen.

Man kann diese Erfahrung mit einem bewegenden Musikstück vergleichen. Eine musiktheoretische Betrachtung führt den Aufbau vor Augen, beglückt aber in der Regel nicht selbst. Nur das unmittelbare Betroffen- und Angesprochensein, die Bereitschaft, sich auf etwas einzulassen, führt zu eigenen Erfahrungen, für die uns dann mitunter eben auch die Worte fehlen.

Bewusst wurde hier ein Text gewählt, der sich nicht explizit an Kinder richtet. Sehr leicht übernehmen Kinder die vermeintlich „wissenschaftliche" Sicht Erwachsener, ohne diese hinterfragen zu können bzw. sich eigene, gleichberechtigte Gedanken zu machen. Wenn in unserem Textauszug Erwachsene dazu ermutigt werden, den eigenen Horizont auf der Grundlage von Erfahrungen zu weiten, dann mag dies auch Kinder dazu anregen.

4. Was Kinder dazu sagen

Frage: „Was wäre, wenn Gott die Welt nicht geschaffen hätte?"
Junge A (13 Jahre): „Ich würde antworten, dass wir dann nicht leben würden."
Junge B (13 Jahre): „Ich würde denken, dass wir dann nicht leben würden und dass alles dann schwarz wäre, weil vielleicht nicht alle Planeten von der Sonne beleuchtet würden. Und wenn es auf irgendeinem anderen Planeten dann auch Leben geben würde, dass es dann dunkel ist, oder so."

Frage: „Wie lange hat die Schöpfung gedauert?"
Junge B: „Also ich glaube, das war in sieben Tagen, also Gott hat jeden Tag etwas Neues erschaffen, also zuerst die Tiere, oder erst den Sauerstoff, dann die Pflanzen, dann Tiere, dann Menschen und so weiter."

5. Vorschläge

Über das Verhältnis von Naturwissenschaft und Glauben sowie über Theorien wie Kreationismus, „Intelligent Design" oder atheistische Ablehnung der göttlichen Schöpfertätigkeit werden die Kinder im Laufe ihrer Schulzeit noch sehr häufig, ggf. auch interdisziplinär, unterrichtet werden. Deshalb soll hier etwas Anderes im Vordergrund stehen, nämlich kein „Richtigkeitswissen", sondern das „Wichtigkeitswissen". Wichtig ist es für Kinder zu wissen, dass sie, so wie sie sind, gewollt und nicht etwa eine „Laune der Natur" sind. Sie sollen die Erfahrung machen können, dass sie Gott am Herzen liegen (vgl. Cranach-Bild). Um diese Unterscheidung zwischen „Richtigkeits"- und „Wichtigkeitswissen" erfahrbar zu machen, können die Schüler gemeinsam einen Kuchen essen. Nachher sollen sie überlegen, was alles in diesem Kuchen war. Macht das Nachdenken und Rekonstruieren der einzelnen Bestandteile und der Reihenfolge, in der die Zutaten in die Rührschüssel kamen, ähnlich viel Freude wie der Genuss des fertigen Kuchens?

Zum Augustin-Text kann folgende Bibelstelle mit den Schülern besprochen werden: Psalm 90,4: „Denn tausend Jahre sind vor dir wie der Tag, der gestern vergangen ist, und wie eine Nachtwache." Mögliche Fragen wären:

➢ Ist es für mich wichtig, dass Gottes Handeln sich von mir erklären lässt?

➢ In Jesaja 55,8 heißt es: „Denn meine Gedanken sind nicht eure Gedanken, und eure Wege sind nicht meine Wege, spricht der Herr." – Könnt ihr dieses Bibelwort mit dem Augustin-Text und dem Cranach-Holzschnitt in Verbindung bringen?

➢ Um etwas erklären zu können, braucht man Kenntnisse. Menschen haben aber unterschiedliche Kenntnisse. Braucht man Bildung, um Gott näher zu kommen?

Zum Text von Annette Güldner gilt es zunächst Begriffe wie Evolutionstheorie und Urknall zu erläutern. Die Kinder sollen ermutigt werden, ihre eigenen, emotionalen Erfahrungen als wichtige Zugänge zur Wirklichkeit und vor allem zu Gott schätzen zu lernen.

Als Abrundung der Themeneinheit kann das Lied „Vergiss es nie" (siehe Seite 188) von Jürgen Werth gemeinsam gesungen werden.

Worin besteht Gottebenbildlichkeit?

Wie Augustinus sagt, ‚ist sofort auch die Ähnlichkeit vorhanden, wo es ein Ebenbild gibt; aber wo es eine Ähnlichkeit gibt, ist nicht sofort ein Ebenbild da.' Daraus ist klar, dass die Ähnlichkeit zum Wesen des Ebenbildes gehört und dass das Ebenbild zum Berede der Ähnlichkeit etwas hinzutut, d.h., dass es ein Ausdruck des anderen ist: ‚Ebenbild' (*imago*) sagt man nämlich von dem, was eben wie ein anderes gebildet ist (…); deswegen wird ein Ei, mag es auch noch so sehr einem anderen Ei ähnlich und gleich sein, weil es indessen nicht ein Bildausdruck von ihm ist, nicht dessen Ebenbild genannt. – Die Gleichheit aber gehört nicht zum Berede des Ebenbildes: denn wie Augustinus sagt: ‚wo ein Ebenbild ist, tritt nicht sofort Gleichheit ein'; wie aus dem Ebenbild erhellt, das einem der Spiegel zurückstrahlt. Sie gehört freilich zum Berede des vollkommenen Ebenbildes: denn im vollkommenen Ebenbild fehlt nicht irgendetwas dem Ebenbild, das dem innewohnt, wovon es ein Abdruck ist.

Es ist offenbar, dass sich beim Menschen eine Ähnlichkeit von Gott findet, welche sich von Gott wie vom Musterbild herleitet: sie ist indes nicht eine Ähnlichkeit der Gleiche nach, weil das Musterbild unendlich weit über ein solches Nachgebilde hinaussteht. Und deswegen sagt man vom Menschen, er sei das zwar nicht vollkommene, aber unvollkommene Ebenbild Gottes. Das will die Schrift bezeichnen, wenn sie sagt, der Mensch sei *ad imaginem Dei* gemacht worden: das Verhältniswort *ad* (zu) nämlich gibt einer Annäherung Ausdruck, welche auf ein Ding zutrifft, das absteht.

Thomas von Aquin

Meister Bertram, Die Erschaffung des Menschen, Grabower Altar, Hamburger Kunsthalle.

Ähnlichkeiten

Ich mag es, den Menschen in's Antlitz zu sehen:
Jeder ist anders, auf seine Art schön.
Wie sehe ich aus? Ich wüsste es nicht,
zeigte der Spiegel mir nicht mein Gesicht.

Ich bin eine Mischung und find', recht gelungen:
Die Brauen sind wie bei Vater geschwungen.
Von Mutter hab' ich das blonde Haar,
die Nase ist ähnlich, wie Großvater's war.
Von Großmutter hab' ich die Grübchen geerbt,
graue Augen hat mir mein Onkel beschert.

Wo ähne ich Gott? Muss ich mich nun fragen:
Ich komm' auch von ihm, wie die Eltern sagen!
Vielleicht lässt mein Denken und Tun hier auf Erden
mich meinem Schöpfergott ähnlich werden?

Heidi Kaiser

1. Zum Thomas-Text

Thomas setzt sich mit der Aussage auseinander, die Augustin zum Verhältnis Bild – Abbild gemacht hat. Demnach kann ich von der Ähnlichkeit sprechen, um bei meiner Zuhörerin eine Vorstellung von etwas zu erzeugen. Sobald ich ein Bild dessen anfertige, gehe ich aber noch einen Schritt weiter. Doch dieses Abbild ist kein Duplikat, wie es im Spiegel erscheint. Im Anschluss an Platon geht Thomas aber davon aus, dass es von jedem Gegenstand ein ideales Abbild geben könne, quasi dessen Urbild. Dieses Modell steht auch hinter seinem Verständnis der Gottesebenbildlichkeit. Damit ist klar, dass dieses Abbild „Mensch" nur sehr eingeschränkt dem Ursprungsideal entsprechen kann. Thomas schneidet mit seinen Ausführungen die Grundfrage jeglicher Metaphern- oder Gleichnisbildung an: Auf welche Merkmale bezieht sich der Vergleich? Es gibt dazu zahlreiche Überlegungen, die sich im Detail z.T. sogar widersprechen mögen: Setzt der Mensch im Sinne Gottes „die Schöpfung fort"? Kann er Gut und Böse unterscheiden? Hat er Vernunft und Sprache – wie Gott? Man sieht, dass das Rückfragen nicht einfach ist. Dies gilt umso mehr, als wir das „Urbild" nicht kennen und uns auch eigentlich kein „Bildnis machen" sollen. Was kann ich also von solch einem nicht vorhandenen Bild überhaupt für ein Abbild machen? Und umgekehrt ist es eher noch komplizierter: Welche Eigenschaften des Menschen kann ich denn auf Gott rückbeziehen – ohne dabei Gefahr zu laufen, ihn total zu verzeichnen?

Das Thema der Menschenschöpfung Gottes ist auch deshalb interessant, weil es mit der Erfahrung kollidiert, dass sie durch den Zeugungsakt ihrer Eltern entstanden sind. Die Anerkenntnis, dass hier offensichtlich zwei Sichtweisen zutage treten, die man nicht einfach nach dem Prinzip richtig oder falsch unterscheiden kann, führt zwangsläufig zu einer Perspektive, die danach fragt, in welcher Hinsicht die Aussage jeweils gemeint ist. Ist dies einmal verstanden, ermöglicht es auch neue Zugänge zu Fragen wie Urknall versus Schöpfung.

2. Die Bilder des Grabower Altars

Der große, bilderreiche Grabower Altar ist das Hauptwerk des Meisters Bertram. Er entstand 1379–1383. Bekannt sind die Tafeln zur Schöpfung. Der damaligen Zeit entsprechend übernahm der Maler Motive aus beiden Schöpfungsgeschichten der Genesis (Kapitel 1–3). Die beiden hier abgebildeten Motive entstammen der zweiten Schöpfungsdarstellung des Bibeltextes (Gen 2,7 bzw. 21f). Dort wird beschrieben, dass Gott den Menschen aus Erde macht und aus diesem dann seine Partnerin (aus der Rippe). In unserem Zusammenhang ist natürlich von besonderer Bedeutung, wie hier (und in den anderen Tafeln!) Gott dargestellt wird. Der Maler umgeht das Darstellungsverbot dadurch, dass er Jesus Christus als das „wahre Abbild" Gottes nimmt. Im Duktus der Argumentation des Thomas verkompliziert sich dadurch die Perspektive. Wir hatten oben im Sinne des Thomas argumentiert, dass die Ähnlichkeit des Menschen gegenüber seinem Schöpfer nur relational im Hinblick auf bestimmte Aspekte zu verstehen sei, weil das (platonisch gedachte) Urbild unzugänglich sei. Meister Bertram hebelt diese Argumentation dadurch aus, dass er den menschgewordenen Gott Jesus Christus darstellt. Dies ermöglicht dann im Prinzip auch Vergleiche. Man kann schauen, wie sich der Schöpfer und Adam – und dieser wiederum Eva – gleichen bzw. unterscheiden. Meister Bertram hat bei seiner Darstellung z.T. durchaus eigenwillige Deutungen ins Bild gesetzt, so dass sich ein Vergleich mit dem Bibeltext lohnt.

3. Das Gedicht von Heidi Kaiser

Das Gedicht ist unmittelbar anschlussfähig an das Denken der Kinder. Diese wissen heute auch schon als kleines Kind, dass sie durch die Vereinigung ihrer Eltern entstanden sind. Von daher ist die Ähnlichkeit von Eltern und Kindern ein wichtiger biologischer Faktor, der die Kohäsion der Familie fördert. Dies machen die einzelnen Aussagen des Gedichtes deutlich. Der letzte Vers nimmt das Thema „Ähnlichkeit" dann in Richtung Gott auf. Funktionieren hier die beobachteten Ähnlichkeitsmerkmale auch? Die letzten beiden Verse machen dann aber deutlich, dass die Ähnlichkeit zu meinem Schöpfergott offenbar anders funktioniert als im Hinblick auf die Eltern. Ja, die Verfasserin bringt sogar den Gedanken ins Spiel, die Ähnlichkeit sei nicht „gegeben", sondern sie sei „zu erwerben". D.h., dass sie die Erwartung äußert, sie könne in der einen oder anderen Weise „gottähnlich" werden.

4. Was Kinder dazu sagen

Kindergespräche zur Frage, wer uns „erschaffen" hat. In dem Video „Im Himmel gibt's kein Fernsehen – Was Kinder glauben" gibt es die folgenden Dialoge:

Mädchen 1: „Der Gott hat als erstes Menschen erschaffen, Adam und Eva hießen die, glaub ich, und die hat er so geschaffen. Alle Menschen sind eigentlich aus Knet und aus Knochen. Und die hatten gar nicht richtige Anziehsachen an, wie wir jetzt, die hatten nur so'n Tuch drüber und die haben sich dann irgendwie gefunden und dann haben sie geheiratet und dann sind erst andere Menschen entstanden, als sie gesehen haben, dass es klappt mit den Menschen."

Frage: „Und wie bist du entstanden?"
Mädchen 1: „Durch meine Mama und durch meinen Papa."
Mädchen 2: „Adam und Eva heißen die beiden und Adam und Eva sind von Gott geschaffen worden, die Erwachsenen sind von Gott geschaffen worden und die Kinder nicht."
Mädchen 3: „Doch, du auch."
Mädchen 4: „Aber die Erwachsenen waren doch auch mal Kinder."
Mädchen 2: „Ja, jeder ist mal ein Kind, aber die Erwachsenen (...)."
Mädchen 3: „Also dann sind die Erwachsenen (...)."
Mädchen 5: „Alle waren mal im Bauch."

Mädchen 3: „Aber dann sind ja die Erwachsenen ja auch nicht von Gott erschaffen (...).“
Mädchen 2: „Doch, doch, die schon.“

Frage: „Wer hat euch erschaffen, wer hat euch zur Welt gebracht?“
Mädchen 2: „Gott.“
Mädchen 6: „Mama.“
Mädchen 7: „Mama.“
Mädchen 8: „Aber Gott hat uns geschaffen, unsere Hände und unsere Füße, hat er uns
    geschaffen, unser Gesicht auch. Alles.“
Mädchen 9: „Gott hat gemacht / der hat überhaupt gemacht, dass es uns gibt. Weil, wenn
    der nicht gesagt hätte, dass es uns gibt, dann hätte die Mama uns nicht zur Welt ge-
    bracht.“
Mädchen 2: „Der wollte auch jemand haben, der betet ihn an. Deshalb er hat die Menschen
    geschaffen.“

5. Vorschläge

Es lohnt sich, von dem Kindergespräch auszugehen. Dann kann man über die Bilder des
Grabower Altars zu dem Thomas-Text weitergehen, der durch Klärung der den Kindern
unverständlichen Worte zunächst für die Gegenwart erschlossen werden sollte.

Das Gedicht nimmt die Thematik kindgemäß auf. Man könnte am Ende dann sogar
überlegen, ob die Kinder selber auch so ein Gedicht wie Heidi Kaiser verfassen wollen
(und können).

*W*as kann man vom Menschen wissen?

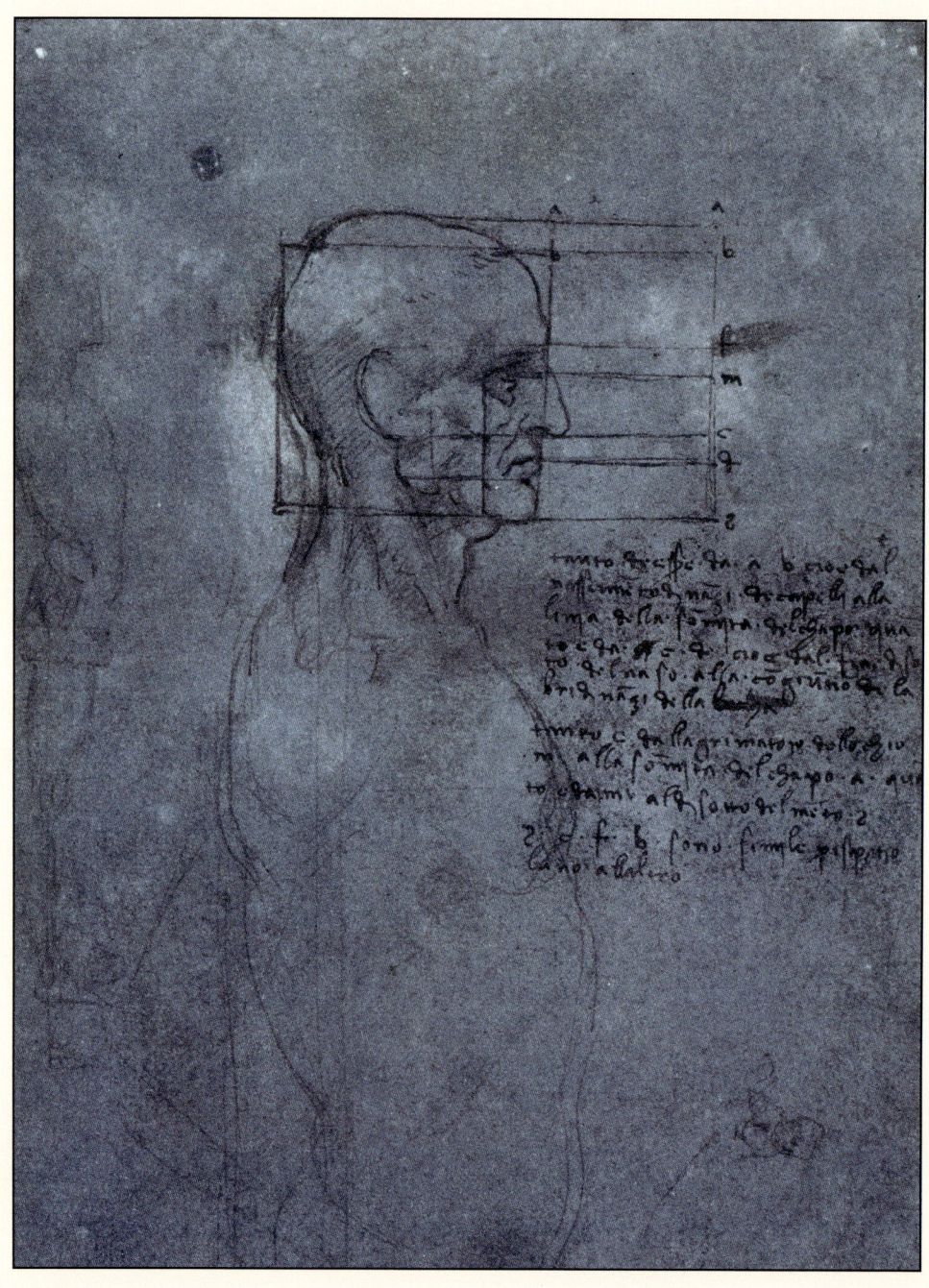

1 Die Philosophie, [als] die menschliche Weisheit, definiert, der Mensch sei ein vernunftbegabtes, sinnenhaftes, körperliches [mit den Tieren zusammengehöriges] Lebewesen. […]

15. Über die gestaltende Ursache aber, die sie [= die Philosophen] „Seele" nennen, wurde und wird unter den Philosophen niemals Einigkeit erzielt. […]

17. Und es besteht keine Hoffnung, dass der Mensch sich insbesondere in diesem Teil erkennen könnte, was er sei, solange er sich nicht in der Quelle selbst, die Gott ist, erblickt hat.

18. Und was beklagenswert ist: Nicht einmal über sein Entschließen oder seine Gedanken hat er volle und gewisse Macht, sondern ist in ihnen dem Zufall und der Nichtigkeit unterworfen.

Martin Luther

Leonardo da Vinci, Proportionsstudie eines männlichen Kopfes im Profil, 1500, © akg-images.

Der Fuchs erzählte einmal dem Wolf von der Stärke des Menschen. Kein Tier könne ihm widerstehen, und sie müssten List gebrauchen, um sich vor ihm zu erhalten. Da antwortete der Wolf: „Wenn ich nur einmal einen Menschen zu sehen bekäme, ich wollte doch auf ihn losgehen." „Dazu kann ich dir helfen", sprach der Fuchs, „komm nur morgen früh zu mir, so will ich dir einen zeigen."

Der Wolf stellte sich frühzeitig ein, und der Fuchs brachte ihn hinaus auf den Weg, den der Jäger alle Tage ging. Zuerst kam ein alter abgedankter Soldat. „Ist das ein Mensch?" fragte der Wolf.

„Nein", antwortete der Fuchs, „das ist einer gewesen." Danach kam ein kleiner Knabe, der zur Schule wollte. „Ist das ein Mensch?" „Nein, das will erst einer werden." Endlich kam der Jäger, die Doppelflinte auf dem Rücken und den Hirschfänger an der Seite. Sprach der Fuchs zum Wolf: „Siehst du, dort kommt ein Mensch, auf den musst du losgehen, ich aber will mich fort in meine Höhle machen." Der Wolf ging nun auf den Menschen los. Der Jäger, als er ihn erblickte, sprach: „Es ist schade, dass ich keine Kugel geladen habe", legte an und schoss dem Wolf das Schrot ins Gesicht. Der Wolf verzog das Gesicht gewaltig, doch ließ er sich nicht schrecken und ging vorwärts: da gab ihm der Jäger die zweite Ladung. Der Wolf verbiss den Schmerz und rückte dem Jäger zu Leibe: da zog dieser seinen blanken Hirschfänger und gab ihm links und rechts ein paar Hiebe, dass er, über und über blutend, mit Geheul zu dem Fuchs zurücklief.

„Nun, Bruder Wolf", sprach der Fuchs, „wie bist du mit dem Menschen fertig worden?" „Ach", antwortete der Wolf, „so hab ich mir die Stärke des Menschen nicht vorgestellt, erst nahm er einen Stock von der Schulter und blies hinein, da flog mir etwas ins Gesicht, das hat mich ganz entsetzlich gekitzelt: danach pustete er noch einmal in den Stock, da flog mir's um die Nase wie Blitz und Hagelwetter, und wie ich ganz nah war, da zog er eine blanke Rippe aus dem Leib, damit hat er so auf mich losgeschlagen, dass ich beinah tot wäre liegen geblieben." „Siehst du", sprach der Fuchs, „was du für ein Prahlhans bist: du wirfst das Beil so weit, dass du's nicht wieder holen kannst."

1. Zu Luthers Thesen

Die Thesenreihe hat Luther 1536 verfasst und dabei seine Sicht auf den Menschen formuliert. Die Thesen enthalten die Grundfiguren seiner reformatorischen Theologie. Dabei setzt er sich mit der philosophischen Sicht auf den Menschen auseinander, dem er eine wichtige, aber begrenzte Leistungsfähigkeit zuschreibt. Er setzt dagegen die biblisch-theologische Sichtweise. Diese betont den Status des Menschen „nach dem Sündenfall" und seine Erlösungsbedürftigkeit durch Jesus Christus.

Unser Textauszug ist in seinem Anspruch wesentlich bescheidener. Er beginnt mit Luthers positiver Würdigung der Philosophie zur Beschreibung der biologischen Natur des Menschen. Doch im Hinblick auf die Seele zweifelt er, ob die Philosophie (heute würde er vermutlich sagen die Psychologie) imstande ist, diese angemessen zu beschreiben. Letzteres traut Luther allein einer theologischen Sichtweise zu, die die Seele des Menschen im Gegenüber zu Gott sieht. In den Schöpfungstexten der Genesis wird der Mensch als „lebendige Seele" bezeichnet. Das hebräische Wort (*näfesch*) denkt den Sitz der Seele in der Kehle. Indem Gott den Menschen durch seinen Geist (*ruach*) im Sinne von „Atem" beseelt, kann man sich gut vorstellen, dass die menschliche Seele so gedacht ist, dass sie unmittelbar mit dem göttlichen Atem verbunden ist.

Trotz der Hochschätzung der Vernunft betont Luther aber auch die begrenzte Erkenntnisfähigkeit des Menschen. Seine gesamte Argumentation richtet sich gegen die scholastische Annahme, dass der Mensch kraft seiner Vernunft in der Lage sei, sein Wesen zu erkennen und auch für seinen Glauben und sein Handeln verantwortlich sein könne. Dies bezweifelt Luther, weil er den Menschen – nach dem Sündenfall – nur mit eingeschränktem Urteilsvermögen sieht. Als Sünder bleibt er auf die Gnade Gottes angewiesen.

Der Textausschnitt thematisiert erst einmal nur die Einsicht, dass es verschiedene Sichtweisen auf den Menschen gibt und dass die „wissenschaftliche" zwar wichtige Dinge erkennen kann, aber eben nicht alle. Besonders was die menschliche Seele angeht, ergeben sich für eine wissenschaftliche Perspektive Grenzen. Hier empfiehlt Luther, einen theologischen Blick auf den Menschen zu werfen. Er fragt: Was ist der Mensch im Lichte Gottes?

2. Skizze von Leonardo da Vinci

Das Universalgenie Leonardo (1452–1519) zeigt sich in dieser Skizze als typischer Gelehrter der Renaissance. D.h., hinter seinen weltberühmten Gemälden steht eine wissenschaftliche Beobachtung am Detail. Er überschritt bei seinen Studien bis dahin bestehende Grenzen und interessierte sich auch für das Innere des Menschen, wie es durch das Sezieren von Leichen sichtbar wurde. Bilder wie das auf Seite 38 geben einen Eindruck von der Arbeitsweise Leonardos. Sie machen allerdings auch sichtbar, dass zur Zeit Luthers das Interesse der Wissenschaft bereits darüber hinaus gelangt war, bloß die Erkenntnisse der antiken Philosophen zu wiederholen, wie dies im Rahmen scholastischer Philosophie bzw. Theologie üblich war. Der *Mensch* rückte in dieser naturwissenschaftlichen Sichtweise, wie sie etwa Leonardo vertrat, jetzt in seiner *materiellen Seite* in den Blick. Man konnte ihn beobachten und messen und die gewonnenen Erkenntnisse dokumentieren. Das geschieht heute in der einen oder anderen Weise, wenn wir zum Arzt gehen und dieser uns untersucht. Die Werte, die so gewonnen werden, verhelfen zu einer präzisen Diagnostik.

Doch wir wissen heute auch, dass diese Verfahren nicht alles erkennen können. Man muss nicht wie Luther bis zur Theologie gehen, um zu wissen, dass viele Züge des Befindens und des Charakters auf diese Weise nicht messbar sind. Luther spricht mit der „Seele" ein Schlüsselwort an, das bis heute in dieser Frage von entscheidender Bedeutung ist. Es gibt zwar eine Wissenschaft „Psychologie", die vieles von dem beobachtet und thematisiert, was in unserem Inneren passiert und sie kann dies sogar bestimmten Hirnregionen zuordnen, aber dennoch bleiben viele Fragen ungelöst. Luther bringt neben dem wissenschaftlichen Blick (der Philosophie seiner Zeit) noch eine andere Perspektive ins Spiel, die der Theologie.

Gehen wir zu dem Bild Leonardos. Wir sehen einen Männerkopf, dessen Proportionen der Künstler gerade vermisst. Was erfährt er dadurch? Wenn er mehrere solcher Studien unternimmt, dann bekommt er einen Mittelwert. Er weiß, wie das Gesicht „normalerweise" proportioniert ist und ob der hier abgebildete Mann ein „normales" Gesicht hat. Solche Fragen sind für den Künstler bedeutsam, aber sie interessieren heute auch die Kosmetikindustrie oder die Schönheitschirurgie. Wenn man das Gesicht vermessen kann, dann kann man es vergleichen. Dann neigt man auch schnell zu Werturteilen.

Und wie sieht Gott uns? Wir gehen wohl berechtigterweise davon aus, dass Gottes Maßstäbe nicht die unsrigen sind. Nach traditioneller Annahme sieht Gott weniger auf unser Äußeres als auf unsere „Seele". Mit Luther können wir annehmen, dass damit unser Wesenskern gemeint ist, der bestimmt, „wer wir sind". Diesen können wir mehr erahnen als wissen und schon gar nicht messen. Doch dieser Wesenskern ist bei Gott relevant, und um dessen Heil in dieser und der ewigen Welt geht es Gott. Doch diese Frage unterscheidet sich grundlegend von dem, was Leonardo beobachtet und gemalt hat und was ihn als Künstler interessierte.

3. Das Märchen der Gebrüder Grimm

Streng genommen handelt es sich hier um eine Fabel, in der die beiden Protagonisten, der Fuchs und der Wolf, ihre stereotypen Rollen spielen. Der schlaue Fuchs führt den dummen, übereifrigen Wolf zu einer äußerst schmerzhaften Begegnung mit „dem Menschen". Dabei entfaltet der Fuchs eine Anthropologie, die nicht sehr schmeichelhaft für den Menschen ausfällt. Ein alter Soldat, der seine Knochen hingehalten hat, ist „kein Mensch mehr", ein Schulkind „noch keines". Das Menschenbild ist also sehr exkludierend. Der „wahre Mensch", so muss der Wolf erfahren, ist ein äußerst aggressives Wesen. Wer den Ausspruch von Thomas Hobbes im Ohr hat, der Mensch sei für seinen Mitmenschen ein Wolf (lat. *homo homini lupus est*), der wird an dieser Stelle schmunzelnd feststellen: der Mensch ist auch für den Wolf „ein Wolf".

Man braucht der Anthropologie dieses Märchens nicht zuzustimmen, sie zeigt aber, dass das Bild vom Menschen sehr wohl von seiner Perspektive abhängig ist. Wie sieht die Philosophie den Menschen, wie die Theologie – und wie sieht Gott den Menschen?

4. Was Kinder dazu sagen

Frage: „Was ist die ‚Seele'?"
Mädchen A (10 Jahre): „Weiß nicht richtig, ich kann es mir nicht richtig vorstellen. Die ist im Herzen. Die schwebt nicht irgendwie im Körper rum. Die kenn nur ich und Gott."
Junge A (12 Jahre): „Die Seele ist ganz tief etwas Inneres im Menschen."

Frage: „Was weiß Gott über unsere Seele?"
Mädchen A: „Alles. Wenn man stirbt, dann wird die Seele nach oben zu Gott fliegen und dann ist die bei Gott."
Junge A: „Gott hat uns die Seele gegeben. Ich glaube, er möchte Verbindung mit uns."
Mädchen B (13 Jahre): „Gott weiß mehr über die Seele. Er hat uns erschaffen."

Frage: „Können wir anderen Menschen in die Seele schauen?"
Junge B (13 Jahre): „Nein. Wir können ja keine Gedanken lesen."

5. Vorschläge

➢ Was haben Menschen mit Tieren gemeinsam und wie unterscheiden sie sich?
➢ Was ist die „Seele"? Kann man sie einem Platz im Körper zuordnen?
➢ Warum können wir über unsere Seele nicht alles wissen?
➢ Was weiß Gott über unsere Seele?
➢ Können wir „wollen" wollen?
➢ Was kann Leonardos Bild darstellen – und was nicht?
➢ Was bedeutet es, dass wir unsere Körpermaße genau messen können?
➢ Warum kann man die Seele nicht messen? Nenne Gründe.
➢ Was haben die Tiere in dem Märchen für ein Bild vom Menschen? Beschreibe es und überlege, wo es zutrifft und wo nicht.
➢ Schreibe auf, wie du dem unwissenden Wolf „den Menschen" erklären würdest!
➢ Der Philosoph Thomas Hobbes hat geschrieben, der Mensch sei zu seinem Mitmenschen wie ein Wolf. Stimmst du dieser Aussage zu oder widersprichst du? Begründe.

Wer ist Gott?

Was heißt, einen Gott haben, oder was ist Gott? Antwort: ein Gott heißt das, dazu man sich versehen soll alles Guten und Zuflucht haben in allen Nöten; also dass einen Gott haben nichts anders ist, denn ihm von Herzen trauen und glauben; wie ich oft gesagt habe, dass allein das Trauen und Glauben des Herzens beide macht, Gott und Abgott.

Ist der Glaube und Vertrauen recht, so ist auch dein Gott recht; und wiederum, wo das Vertrauen falsch und unrecht ist, da ist auch der rechte Gott nicht. Denn die zwei gehören zu Haufe, Glaube und Gott. Worauf du nun (sage ich) dein Herz hängst und verlässest, das ist eigentlich dein Gott.

Martin Luther

Rembrandt van Rijn, Der reiche Narr (Der Geldwechsler), 1627.

Johann Wolfgang von Goethe: Rastlose Liebe

Dem Schnee, dem Regen,
dem Wind entgegen,
im Dampf der Klüfte,
durch Nebeldüfte,
immer zu! Immer zu!
Ohne Rast und Ruh!

Lieber durch Leiden
möcht' ich mich schlagen,
als so viel Freuden
des Lebens ertragen.
Alle das Neigen
von Herzen zu Herzen,
ach, wie so eigen
schaffet das Schmerzen!

Wie – soll ich fliehen?
Wälderwärts ziehen?
Alles vergebens!
Krone des Lebens,
Glück ohne Ruh,
Liebe, bist du!

1. Zum Luther-Text

Luther erklärt, dass einen Gott haben bedeutet, ihm von Herzen zu trauen, zu glauben und sich auf ihn zu verlassen. Dies ist jedoch gar nicht so einfach. Es gibt schließlich auch so viele Menschen und Dinge, an die wir unser Herz hängen und diese dabei geradezu „abgöttisch" lieben.

Für Luther ist es wichtig, zu vermitteln, dass Gott als Urgrund der Liebe durch keine anderen Bezugsgrößen ersetzt werden kann. In 1. Joh 4,16 heißt es: „Und wir haben erkannt und geglaubt die Liebe, die Gott zu uns hat. Gott ist die Liebe; und wer in der Liebe bleibt, der bleibt in Gott und Gott in ihm." Gottes Liebe zu uns drängt darauf, von uns erwidert zu werden. Indem wir diese Liebe in ihrer für uns so existentiellen Bedeutung ergreifen und ihr den wichtigsten Platz in unseren Herzen geben, erkennen wir Gott als unseren Gott an.

2. Die Holztafel von Rembrandt

Rembrandts Holztafel zeigt einen alten, reichen Mann, dessen Blick auf die Münze in seiner Hand gerichtet ist, die von Kerzenschein erhellt wird. Er ist umgeben von Schuldscheinen, Geld und Folianten. Die dunkle Nacht, die für seine selbst gewählte Gottesferne stehen könnte, nimmt er nicht wahr.

Rembrandt interpretiert hier die biblische Erzählung vom reichen Kornbauern (Lk 12,16–21). Der reiche Kornbauer richtet sich voll und ganz auf seine Reichtümer aus, von denen er Sicherheit erwartet, und spricht: „Liebe Seele, du hast einen großen Vorrat für viele Jahre; habe nun Ruhe, iss, trink und habe guten Mut!" (Lk 12,19). Gott enttarnt den Bauern als Narr; er wird die Nacht nicht überleben. All seine Reichtümer nutzen ihm nichts. „So geht es dem, der sich Schätze sammelt und ist nicht reich bei Gott." (Lk 12,21) Der reiche Kornbauer bzw. Narr hat sein Herz nicht auf Gott, sondern auf Vergängliches hin ausgerichtet.

3. Goethes Gedicht „Rastlose Liebe"

Goethe bezeichnet die Liebe als „Krone des Lebens", als „Glück ohne Ruh" und macht trotz der ab Strophe zwei gewählten Ich-Perspektive somit eine Allgemeingültigkeit beanspruchende Aussage. Schnee, Regen, Wind, Dampf und Nebel stehen für Naturphänomene, auf die wir keinen Einfluss haben, denen wir ohnmächtig gegenüberstehen, die ebenso unerwartet über uns kommen können wie die Liebe.

Die Wahl der Reimform greift die Ruhelosigkeit auf. In der zweiten Strophe stehen sich „Leiden" und „Freuden" gegenüber, ohne sich zu reimen, was darauf hinweist, dass für Goethe Leiden und Freuden eigentlich nicht zueinander passen können. Trotzdem geht Liebe mit aufwühlenden Gefühlen („Ach, wie so eigen schaffet das Schmerzen") einher, die Goethe der Preis für den ruhelosen Genuss der Liebe zu sein scheinen.

„Rastlose Liebe" unterstreicht den Aspekt der Vergänglichkeit („Glück ohne Ruh") all dessen, woran wir unser Herz hängen (vgl. Luther-Text; vgl. Rembrandts Holztafel). Keineswegs negiert Goethe jedoch die Schönheit und den Wert der Liebe. Selbst angesichts ihrer Begleiterscheinungen, ihrer Flüchtigkeit und Unentrinnbarkeit ist sie einzigartig, ist sie die „Krone des Lebens" (vgl. 1. Kor 13).

4. Was Kinder dazu sagen

Frage: „Wer ist Gott?"
Junge A (8 Jahre): „Der ist oben im Himmel."
Junge B (9 Jahre): „Mir ist der ganz wichtig, weil der mich beschützt."
Junge A: „Gott ist ganz lieb und hilfsbereit."
Junge B: „Gott vergisst uns nicht."
Junge A: „Er ist uns ziemlich wichtig."

Eindrücke zur Geschichte vom reichen Kornbauern:
Junge A: „Ein Auto fahren oder reich sein kann jeder, fast jeder, aber Geld ist nicht so wichtig im Leben. Aber Gott beschützt uns besser. (...) Ich würde das Geld mit anderen Menschen, also sehr armen Menschen, teilen, also auch anderen Leuten was geben."
Junge B: „Ich würde den anderen das Essen geben, aber so, dass ich auch noch etwas habe."
Junge A: „Gott findet es wichtiger, wie man anderen hilft."

Frage: „Schaffen wir es, Gott von ganzem Herzen lieb zu haben?"
Junge B: „Ja, das würden wir schaffen. Wir schaffen es. Da wird es ganz warm um's Herz und so, wenn man an Gott denkt. Wenn man Fussball spielt und wir verlieren die ganze Zeit."

5. Vorschläge

Die Kinder sammeln eine Woche lang gedruckte Werbung für Gegenstände, die sie gerne haben möchten. Gemeinsam wird überlegt, welche Versprechungen die Werbung macht. Welche Eigenschaften werden mit Produkten in Verbindung gebracht? Welche Bedürfnisse werden geweckt?

Die Kinder kommen ins Gespräch darüber, wie es ist, sich etwas sehr lange zu wünschen und es dann schließlich zu erhalten. Wie lange hält die Freude an?

In Kleingruppen erarbeiten die Kinder Rollenspiele über die zuvor besprochene Erzählung vom „Reichen Kornbauern" (Lk 12,16–21) und versuchen diese in ihre Gegenwart zu übertragen.

Ein Arbeitsblatt mit einer Wertepyramide wird den Kindern ausgeteilt. Jedes Kind darf diese Pyramide für sich selbst zuhause ausfüllen, ohne dass es sein persönliches Ergebnis in der Schulklasse erklären muss.

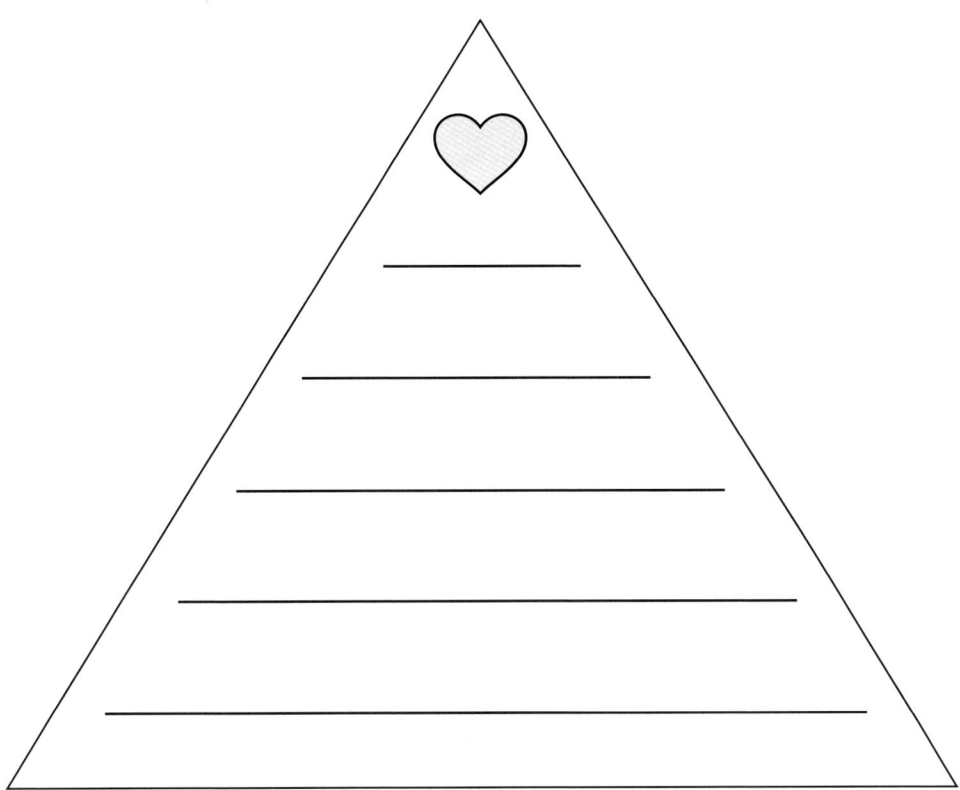

Erstelle deine eigene Wertepyramide. Ganz oben unter das Herz trägst du ein, worauf du besonders viel Wert legst. Es folgen dann die Werte, die für dich die nächst wichtigen sind.

Kann man Gott beweisen?

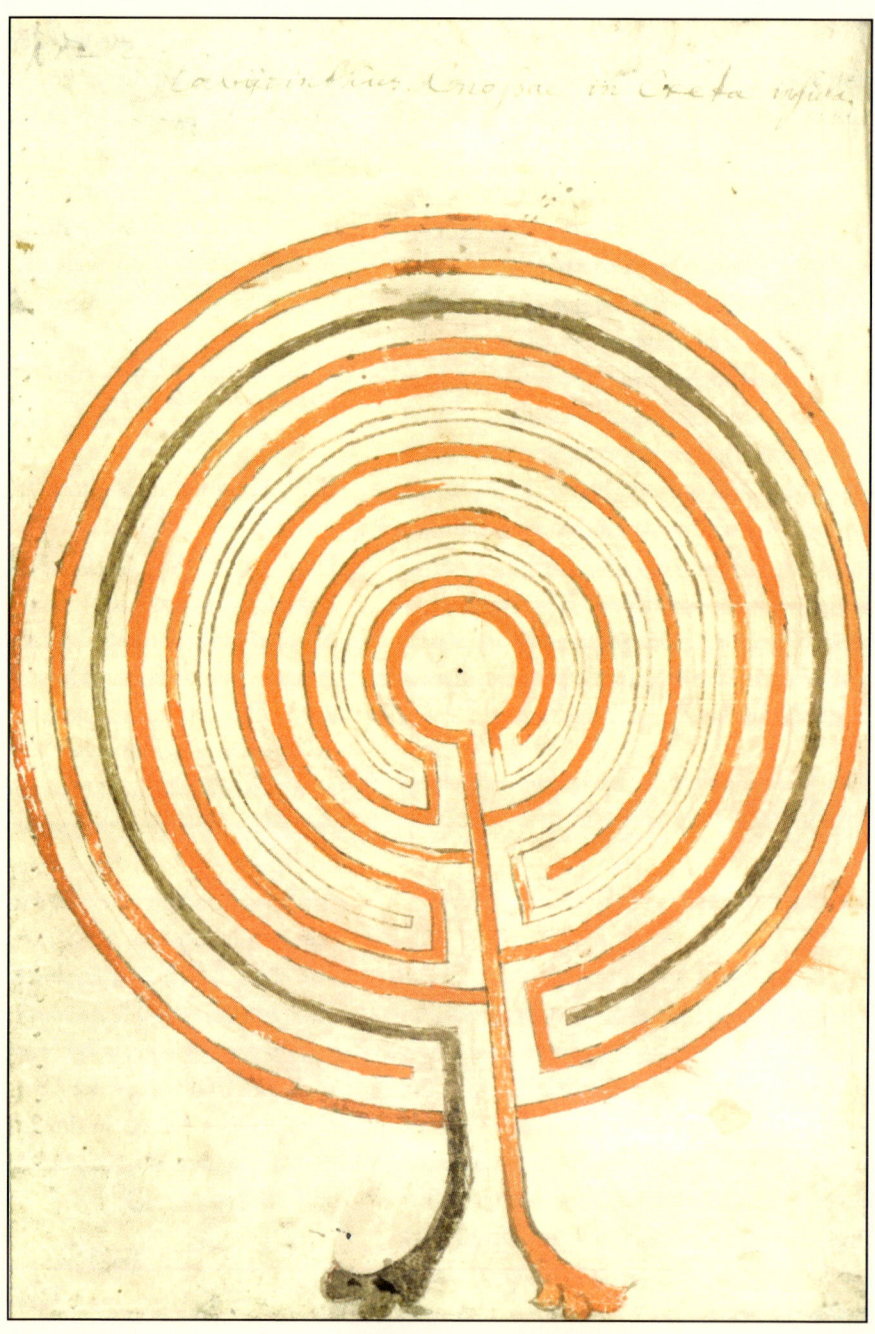

Wir glauben nämlich, dass Du etwas bist, worüber hinaus nichts Größeres gedacht werden kann. […] Und sicherlich kann das, worüber hinaus nichts Größeres gedacht werden kann, nicht nur im Verstand sein. Wenn es nämlich nur im Verstand ist, kann gedacht werden, dass es auch in Wirklichkeit ist: was mehr ist. Wenn aber das, worüber hinaus nichts Größeres gedacht werden kann, nur im Verstand ist, ist eben das, worüber hinaus nichts Größeres gedacht werden kann, etwas, worüber hinaus Größeres gedacht werden kann: Das aber kann nicht sein. Es existiert also zweifellos das, worüber hinaus nichts Größeres gedacht werden kann, sowohl im Verstand als auch in Wirklichkeit.

Anselm von Canterbury

Es ist sicher und steht aufgrund sinnlicher Wahrnehmung fest, dass auf dieser Welt Dinge bewegt werden. Alles aber, was bewegt wird, wird von etwas anderem bewegt. […] Hier kann man aber nicht ins Unendliche fortgehen: weil es dann kein erstes Bewegendes gäbe; und folglich gar kein Bewegendes, weil die Zweitbewegenden nur aufgrund ihres Bewegtseins durch den Erstbeweger bewegen […]. Also ist es notwendig, zu einem ersten Bewegenden zu kommen, das von nichts anderem bewegt wird, und das erkennen alle als Gott.

Thomas von Aquin

Labyrinth auf einem mittelalterlichen Pergament, Stiftsbibliothek St. Gallen.

Es waren einmal zwei Forschungsreisende, die kamen zu einer Lichtung im Dschungel, wo viele Blumen und Kräuter wuchsen. Da sagte der eine Forscher: „Es muss einen Gärtner geben, der dieses Stück Land bebaut." Der andere widersprach: „Es gibt keinen Gärtner."

Da schlugen sie ihre Zelte auf und überwachten die Lichtung. Aber kein Gärtner ließ sich blicken. „Vielleicht ist es ein unsichtbarer Gärtner." So zogen sie einen Zaun aus Stacheldraht und setzten ihn unter Strom. Und sie schritten ihn mit Spürhunden ab. Kein Schrei aber ließ jemals vermuten, dass ein Eindringling einen Schlag bekommen hätte. Keine Bewegung des Drahtes deutete jemals auf einen Unsichtbaren hin, der hinüberkletterte. Auch die Spürhunde schlugen niemals an.

Dennoch war der Gläubige noch nicht überzeugt. „Es gibt doch einen Gärtner, unsichtbar, unberührbar, unempfindlich gegen elektrische Schläge, einen Gärtner, der keine Spur hinterlässt und keinen Laut von sich gibt, der aber heimlich kommt und sich um den Garten kümmert, den er liebt."

Schließlich sagte der Skeptiker verzweifelt: „Was ist denn eigentlich von deiner ursprünglichen Behauptung übriggeblieben? Wie unterscheidet sich denn dein unsichtbarer, unberührbarer, ewig ungreifbarer Gärtner von einem eingebildeten oder gar von überhaupt keinem Gärtner?"

1. Zu den Texten von Anselm und Thomas

Es gehört zu den Stärken scholastischer Theologie, dass sie eine Synthese zwischen Philosophie und Theologie versuchte. Dahinter stand die Erwartung, dass es möglich sei, mit den Mitteln der Vernunft die Aussagen der biblischen Offenbarung einzuordnen und zu verstehen. Dabei galten die klassischen Philosophen Platon und Aristoteles als Quellen mit ähnlicher Wertschätzung wie die Bibel. Es ist klar, dass die bevorzugte Frage immer die nach Gott war. Seine Transzendenz zu respektieren, bedeutete im Grunde ja auf den Versuch zu verzichten, ihn beweisen zu können. Nun kann man in Anselms „Proslogion" jedoch erkennen, dass diese Alternative zu kurz greift. Anselm unterbricht – wie Augustinus in den „Confessiones" – seine Argumentation immer wieder durch Gebete. Er weiß also, dass die Frage Beweisbarkeit/Nichtbeweisbarkeit letztlich nicht beantwortbar ist. D.h., dass der Zugang zu Gott nicht allein über die Vernunft möglich ist, sondern durch eine Mischung aus Entscheidung und Evidenzerfahrung gewissermaßen im Voraus gesetzt wird, also vorausgesetzt ist, wenn ich mit dem rationalen Gottesbeweis beginne.

Die Beweisführung des Thomas folgt an dieser Stelle Aristoteles – man spricht heute vom „infiniten Regress". Damit ist das Gedankenexperiment gemeint, jede Bewegung oder jede Ursache nach einer vorherliegenden zu befragen. Dieses Verfahren kann man immer weiter treiben. Doch dann entsteht die Frage nach einem Anfang: Es muss einen ersten Beweger gegeben haben oder eine erste Ursache. Für Christ/innen ist klar, dass die erste Ursache und der erste Beweger der Schöpfergott sein muss. Aber vom naturwissenschaftlichen Standpunkt aus ist diese Frage nicht leicht zu beantworten und erscheint dann etwa in Überlegungen wie: „Was war eigentlich vor dem Urknall?" Für die Glaubenden kann dieses Gedankenexperiment zu einem besseren Verständnis von „Gott als Schöpfer" führen.

Anselms Beweisführung ist dagegen sprachphilosophisch. Er beginnt mit einer Gottesdefinition (die im Übrigen mit der biblisch-theologischen Vorstellung kompatibel ist), dass Gott derjenige ist, „über den hinaus nichts Größeres gedacht werden kann." Nun kann ich an dieses Subjekt „Gott" zwei Prädikate herantragen: einmal „er existiert" und einmal „er existiert nicht". Es ist leicht erkennbar, dass das zweite Prädikat „weniger" ist als das erste. Da für Gott nur der Superlativ infrage kommt, muss ich das zweite Prädikat verwerfen. Es bleibt also nur das Prädikat für denjenigen, gegenüber dem nichts Größeres gedacht werden kann, dass er nämlich „existiert". Dieser Gottesbeweis genießt bis heute wegen seiner Raffinesse eine hohe Wertschätzung, obgleich man natürlich kritisch fragen kann, ob „existieren" ein Prädikat wie mächtig, allwissend etc. sein kann.

2. Das Labyrinth

Was ist ein Labyrinth? In der Realwelt denkt man dabei an ein verästeltes System von Wegen, z.B. in einer Höhle, in der es nicht leicht ist, wieder zum Ausgang zurückzufinden. In manchen Parks findet man sie in der Form von „Irrgärten" als vergnügliches Spielangebot.

Vielleicht der häufigste Ort, an denen man ihnen begegnen kann, sind Zeitschriften oder Beilagen für Kinder – zum Nachfahren und Ausprobieren mit dem Bleistift. Doch warum findet man sie in mittelalterlichen Büchern und sogar in der Kathedrale von Chartres? Man kann das Leben als einen Weg beschreiben – für die Glaubenden als einen Weg zu Gott hin. Das Labyrinth verheißt erst einmal ein Voranschreiten direkt aufs Ziel zu. Doch bald wird man gezwungen, Umwege zu gehen, und ist nach einer Weile wieder ganz weit weg vom erhofften Ziel. Doch irgendwann hat man es dann geschafft. Der Clou dieser Art von Labyrinthen liegt darin, dass man am Ende seiner Irrungen nicht nur das Ziel erreicht hat, sondern alle Wege nachgegangen ist. Erst das Durchschreiten aller Wege führt schlussendlich zum gewünschten Ziel. Für mittelalterliche Philosophen waren solche Rätsel Sinnbilder. Der Weg zu Gott ist für sie eine Pilgerschaft. Es gibt keinen „Kurztrip" zu Gott. Die langen Wege mit ihren Irrungen gehören dazu. Nur auf diesem Weg kann man sich Gott „erwandern". Dieses Modell hat seine Entsprechung in der asiatischen Religiosität. Dort wird der Gedanke, dass der Weg bereits das Ziel sei, in Meditationsübungen kultiviert. In den sog. Mandalas werden solche Wegangebote präsentiert. Auch dort kann man diese Meditationswege an heiligen Orten selbst nachvollziehen oder man tut dies meditativ im Gegenüber zu einem solchen Bild-Mandala.

Im Kontext der Frage der Beweisbarkeit Gottes begegnet uns hier ein Weg, der die Vernunft nicht ausschaltet, der aber darauf baut, Überraschungen zu erleben, die nicht antizipiert werden können und die die Begegnung mit Gott nicht primär als Frucht eigener Bemühungen greifbar werden lässt, sondern eher als – nach den Mühen – unerwartetes Geschenk.

3. Die Parabel von Antony Flew

Der englische Philosoph Antony Flew (1923–2010) ist u. a. wegen des hier abgedruckten Textes als atheistischer Denker bekannt. In seinen letzten Lebensjahren hat er sich allerdings kritisch zu seiner eigenen Sicht geäußert. Die Parabel ist ein moderner Anti-Gottesbeweis. Doch – das sehen wir bereits bei Anselm und Thomas – eine jede Beweisführung beruht auf Vorannahmen, die man u.U. gar nicht teilen will. Doch hat man diese einmal anerkannt, kommt es in dem Gedankenexperiment nur noch darauf an, ob die weiteren Schritte logisch stimmig sind.

Die Welt als eine Art Garten anzusehen, ist eine Metapher, die auch die Bibel gebraucht. Mit der Gestalt des Gärtners wird ein Wesen als ein intentional handelndes Subjekt postuliert. Dieses Postulat erfolgt als Rückschluss von den Resultaten her. Die Gegenthese dazu lautet, dass das Resultat (der schöne Garten) von alleine, d.h. ohne Gärtner entstanden sei. Die entscheidende Frage lautet dann, wie und woran man erkennen kann, dass (ein) Gott hier am Werk ist.

Das Experiment könnte nur dann für die Gottesanhänger „erfolgreich" ausgehen, wenn Gottes Handeln vergleichbar wäre mit dem anderer, in der Regel mit dem menschlicher „Agenten". Sein Handeln müsste unterscheidbar sein von dem von Menschen, aber auch von dem von Tieren oder Größen wie dem Wetter. Doch eine solche Sichtweise kann man als Glaubender eigentlich kaum vertreten – nach dem Motto: das war meine Geschicklichkeit, das die Hilfe von Frau M. und das war Gott. Wir sind es zu Recht gewohnt, Gottes Handeln nicht alternativ zu anderen Handlungssubjekten zu sehen, sondern (als Zweitursache) in diesen selbst. In der Hilfe eines Menschen erkenne ich auch Gottes Zuwendung. Von diesen Prämissen her kann und muss man sagen, dass es kein Wunder ist, dass man „den Gärtner" nie dingfest machen könnte.

4. Was Kinder dazu sagen

Zu dem Thomas'schen Gottesbeweis hat der für die Kinderphilosophie bedeutsame Philosoph Gareth Matthews (1929–2011) eine interessante Episode über das Einpudern seiner Katze mit Flohpulver in Gegenwart seiner vierjährigen Tochter erzählt:

„Von der obersten Treppenstufe beobachtete Sarah das einfache Ritual mit großem Interesse. ‚Daddy' fragte sie nach einer Weile, ‚wie hat Fluffy die Flöhe bekommen?'

‚Nun', antwortete ich arglos, ‚sie wird wohl mit einer anderen Katze gespielt haben, von der sie dann auf Fluffy gehüpft sind'.

Sarah überlegte: ‚Und wie hat diese Katze die Flöhe gekriegt?'

‚Ach so, wahrscheinlich wird sie mit noch einer anderen Katze gespielt haben', gab ich lässig als Antwort, ‚von der dann die Flöhe auf die Katze gehüpft sind, mit der Fluffy später gespielt hat.'

Sarah schwieg für eine Weile. ‚Aber Daddy' sagte sie darauf ernst, ‚es kann doch nicht unendlich weiter so gehen, das Einzige, was so weiter gehen kann, sind Zahlen!'"

5. Vorschläge

➢ Zum infiniten Regress kann man mit einigen Dominosteinen eine Strecke aufbauen und diese dann durch einen Initialstoß zum sukzessiven Umfallen bringen. Kann man vom Ende her den Verursacher sicher erschließen?

➢ Man kann das Chartres-Labyrinth aus dem Internet ausdrucken. Fülle das Labyrinth mit dem Bleistift aus und beschreibe dein Empfinden – am Anfang – wenn du ganz außen gelandet bist – wenn du im Ziel angekommen bist! Warum hat man das Labyrinth in einer Kirche auf dem Boden angebracht?

➢ Wie würde sich das Flew-Experiment ändern, wenn man dort betende Menschen anträfe, die für den Garten danken?

➢ Ein Mädchen sagte einmal, wenn Gott einen Namen hat, dann muss es ihn auch geben. Was könntest du darauf antworten?

Warum interessiert sich Gott für mich?

Ich glaube, dass mich Gott geschaffen hat samt allen Kreaturen, mir Leib und Seele, Augen, Ohren und alle Glieder, Vernunft und alle Sinne gegeben hat und noch erhält; dazu Kleider und Schuh, Essen und Trinken, Haus und Hof, Weib und Kind, Acker, Vieh und alle Güter; mit allem, was nottut für Leib und Leben, mich reichlich und täglich versorgt, in allen Gefahren beschirmt und vor allem Übel behütet und bewahrt; und das alles aus lauter väterlicher, göttlicher Güte und Barmherzigkeit, ohn all mein Verdienst und Würdigkeit: für all das ich ihm zu danken und zu loben und dafür zu dienen und gehorsam zu sein schuldig bin. Das ist gewisslich wahr.

Martin Luther

Gottes Fürsorge, Skulptur an der Fassade der Kathedrale in Chartres, 13. Jahrhundert.

Margaret Fishback Powers: Spuren im Sand

Eines Nachts hatte ich einen Traum:

Ich ging am Meer entlang mit meinem Herrn.
Vor dem dunklen Nachthimmel
erstrahlten, Streiflichtern gleich,
Bilder aus meinem Leben.

Und jedes Mal sah ich zwei Fußspuren im Sand,
meine eigene und die meines Herrn.

Als das letzte Bild an meinen Augen
vorübergezogen war, blickte ich zurück.
Ich erschrak, als ich entdeckte,
dass an vielen Stellen meines Lebensweges
nur eine Spur zu sehen war.
Und das waren gerade die schwersten
Zeiten meines Lebens.

Besorgt fragte ich den Herrn:
„Herr, als ich anfing, dir nachzufolgen,
da hast du mir versprochen,
auf allen Wegen bei mir zu sein.
Aber jetzt entdecke ich,
dass in den schwersten Zeiten meines Lebens
nur eine Spur im Sand zu sehen ist.
Warum hast du mich allein gelassen,
als ich dich am meisten brauchte?"

Da antwortete er: „Mein liebes Kind,
ich liebe dich und werde dich nie allein lassen,
erst recht nicht in Nöten und Schwierigkeiten.
Dort, wo du nur eine Spur gesehen hast,
da habe ich dich getragen."

1. Zum Luther-Text

Martin Luther lässt in seinem Katechismustext keinen Zweifel daran, dass der Mensch sich voll und ganz Gott, seinem Schöpfer, verdankt und sein Leben lang auf dessen väterliche Fürsorge angewiesen bleibt. Gottes Fürsorge ist nicht an Bedingungen, die wir selbst erwirken könnten, geknüpft, sondern freie, unverdiente Gnade. Hier klingt die Rechtfertigungstheologie an. Wenngleich dem Menschen Barmherzigkeit passiv zu Teil wird, vermag er doch aktiv auf diese durch seine Lebensführung zu antworten. Die theologische Aussage, dass Gott Schöpfer und Erhalter der Menschen ist, bestimmt für Christen die Ethik als dankbare Antwort auf das Geschenk des Lebens.

2. Die gotische Skulptur aus dem 13. Jahrhundert

Szenen des Alten Testaments sind am Nordportal, der Schattenseite, der Kathedrale von Chartres zu sehen. Die „Erschaffung des Menschen" befindet sich an der äußersten Bogenreihe nahe der Sündenfallszene. In dieser gotischen Skulptur begegnet uns Gott in Jesus Christus, der Adams Kopf auf seinen Knien bettet. Christi Blick ist voller Liebe und Achtsamkeit auf Adam gerichtet, der sich vertrauensvoll an ihn schmiegt. Wie unter einem Brennglas bringt diese Darstellung die von Luther ausgesagte fürsorgliche Güte und Barmherzigkeit Gottes zum Ausdruck. Der Mensch darf sich von seinem Schöpfer erhalten und umsorgt wissen.

3. Spuren im Sand

Gott trägt uns in allen Lebenslagen. Wir können ihm vertrauen – dies ist die Grundaussage der Geschichte von den Spuren im Sand.

Dennoch wird Gottvertrauen durch Schicksalsschläge, Krankheiten und Ungerechtigkeiten auf eine harte Probe gestellt. In Not und Leid wird Gottes Eingreifen ersehnt. Sowohl anhand der Geschichte von den „Spuren im Sand" als auch in der Begegnung des alttestamentlichen Propheten Elia mit Gott können wir sehen, dass unsere Erwartungen nicht eins zu eins erfüllt werden (1. Kön 19). Elia war mit seinen Kräften und seinem Lebenswillen am Ende. Zunächst umsorgte ihn Gott durch einen Engel, der die elementarsten Bedürfnisse nach Essen und Trinken stillte. Dann erschienen starker Wind, Erdbeben und Feuer, doch Gott war nicht in diesen Naturgewalten. Schließlich kam ein stilles sanftes Sausen, das Gottes Nähe begleitete.

Gottes Fürsorge ist stets gegenwärtig, bleibt oft aber unerkannt. Deshalb bitten wir im Vaterunser: „Unser tägliches Brot gib uns heute." Gott gibt das, was uns nötig ist, Tag für Tag, nicht im Voraus. Von ihm stammt die Kraft, den nächsten Schritt zu gehen, so schwer er in manchen Lebenslagen auch fallen mag. Das meint auch Martin Luther, indem er davon spricht, dass Gott uns „täglich versorgt".

4. Was Kinder dazu sagen

Mit Viertklässlern gedichtete Strophen zum Kirchenlied „Halte zu mir guter Gott" (in: Kommt und singt. Liederbuch für die Jugend, 456):

„Fühle ich mich ganz allein,
denke ich das bloß,
denn selbst in der größten Not,
lässt du mich nicht los.
Halte zu mir guter Gott,
heut den ganzen Tag.
Halt die Hände über mich,
was auch kommen mag."

„Läuft's mal schulisch gar nicht rund,
macht mich das nicht froh,
doch ich bin mir ganz gewiss,
Gott liebt mich auch so.
Halte zu mir guter Gott,
heut den ganzen Tag.
Halt die Hände über mich,
was auch kommen mag."

Frage: „Warum interessiert sich Gott für uns?"
Mädchen A (8 Jahre): „Weil Gott die Menschen erschaffen hat."
Junge A (8 Jahre): „Weil er die Welt erschaffen hat und er liebt sie eben und wir lieben ihn auch und er will eben, dass alles gut ist. Wenn wir Hilfe brauchen und wenn wir Arbeiten schreiben, dann wünschen wir ja auch, dass er bei uns ist, damit wir alles richtig schreiben."
Mädchen B (7 Jahre): „Ich glaube, der hat uns ja geschaffen und wenn wir seine Geschöpfe sind, dann hat er uns natürlich auch lieb. Und weil der uns lieb hat, deswegen beschützt er uns und passt auf uns auf. So erkläre ich mir das."

Frage: „Merken wir, dass Gott bei uns ist?"
Junge A: „Weil wir uns gut fühlen."
Mädchen A: „Weil wir uns gut fühlen. Er steht uns bei, wenn wir krank sind."

5. Vorschläge

Das Kirchenlied „Halte zu mir, guter Gott" fasst Gottes erhaltende Schöpfertätigkeit in eine kindgerechte Sprache. Die Liedzeile „Halt die Hände über mich, was auch kommen mag" passt ebenso zu der romanischen Skulptur an der Kathedrale von Chartres wie auch zu der Geschichte von den „Spuren im Sand", in der Gott durch schwierige Zeiten hindurch trägt. Wesentliche Aspekte aus Luthers Katechismustext wie Dankbarkeit und Schutz können von den Schülern und Schülerinnen im Unterrichtsgespräch wiedererkannt werden. Darüber hinaus können sie ihre eigenen Erfahrungen in weiteren Liedstrophen, die sie selbst schreiben, zum Ausdruck bringen.

*H*aben wir für Gott einen Namen?

Nach dem Philosophen* sind Wörter die Zeichen von Verständnissen und Verständnisse die Ähnlichkeitsbilder von Dingen. So ist klar, dass die Wörter auf die zu bezeichnenden Dinge zurückbezogen werden, wobei das im Verstand Empfangene vermittelt. Etwas kann von uns benannt werden, demnach es von uns mit dem Verstand erkannt werden kann. Es wurde aber oben (...) dargetan, dass Gott von uns in diesem Leben nicht über sein Wesen geschaut werden kann, sondern von uns aus den Geschöpfen erkannt wird, in Hinsicht darauf, wie er als Urheit dasteht und über das Verfahren des Heraushebens und Abverneinens. (...)

In dem Sinne heißt es von Gott, er habe keinen Namen oder liege über eine Benennung hinaus, als seine Wesenheit über das hinaus erhaben ist, was wir von Gott verstehen und mit einem Worte bezeichnen.

Thomas von Aquin

* gemeint ist Aristoteles

Szenen aus einem typologischen Bibelfenster (Mose am Dornbusch und Geburt Christi).

Peter Bichsel: Ein Tisch ist ein Tisch

Der alte Mann machte morgens einen Spaziergang und nachmittags einen Spaziergang, sprach ein paar Worte mit seinem Nachbarn, und abends saß er an seinem Tisch. […]

„Immer derselbe Tisch", sagte der Mann, „dieselben Stühle, das Bett, das Bild. Und dem Tisch sage ich Tisch, dem Bild sage ich Bild, das Bett heißt Bett, und den Stuhl nennt man Stuhl. Warum denn eigentlich?" Die Franzosen sagen dem Bett „li", dem Tisch „tabl", nennen das Bild „tablo" und den Stuhl „schäs", und sie verstehen sich. Und die Chinesen verstehen sich auch. „Warum heißt das Bett nicht Bild", dachte der Mann und lächelte, dann lachte er, lachte, bis die Nachbarn an die Wand klopften und „Ruhe" riefen.

„Jetzt ändert es sich", rief er, und er sagte von nun an dem Bett „Bild".

„Ich bin müde, ich will ins Bild", sagte er, und morgens blieb er oft lange im Bild liegen und überlegte, wie er nun zu dem Stuhl sagen wolle, und er nannte den Stuhl „Wecker". Hie und da träumte er schon in der neuen Sprache, und dann übersetzte er die Lieder aus seiner Schulzeit in seine Sprache, und er sang sie leise vor sich hin.

Er stand also auf, zog sich an, setzte sich auf den Wecker und stützte die Arme auf den Tisch. Aber der Tisch hieß jetzt nicht mehr Tisch, er hieß jetzt Teppich. Am Morgen verließ also der Mann das Bild, zog sich an setzte sich an den Teppich auf den Wecker und überlegte, wem er wie sagen könnte.

Dem Bett sagte er Bild.	Dem Wecker sagte er Fotoalbum.
Dem Tisch sagte er Teppich.	Dem Schrank sagte er Zeitung.
Dem Stuhl sagte er Wecker.	Dem Teppich sagte er Schrank.
Der Zeitung sagte er Bett.	Dem Bild sagte er Tisch.
Dem Spiegel sagte er Stuhl.	Und dem Fotoalbum sagte er Spiegel.

Also:

Am Morgen blieb der alte Mann lange im Bild liegen, um neun läutete das Fotoalbum, der Mann stand auf und stellte sich auf den Schrank, damit er nicht an den Füßen fror, dann nahm er seine Kleider aus der Zeitung, zog sich an, schaute in den Stuhl an der Wand, setzte sich dann auf den Wecker an den Teppich, und blätterte den Spiegel durch, bis er den Tisch seiner Mutter fand.

Der Mann fand das lustig, und er übte den ganzen Tag und prägte sich die neuen Wörter ein. Jetzt wurde alles umbenannt: Er war jetzt kein Mann mehr, sondern ein Fuß, und der Fuß war ein Morgen und der Morgen ein Mann.

Jetzt könnt ihr die Geschichte selbst weiterschreiben. Und dann könnt ihr, so wie es der Mann machte, auch die andern Wörter austauschen.

1. Zum Thomas-Text

Im ersten Teil seiner „Summe der Theologie" geht es Thomas darum, einen Weg zu finden, auf dem man Gott erkennen kann. Dabei stößt er dann auch auf den Gottesnamen. In einer polytheistischen Welt wäre es klar, dass man den eigenen Gott von anderen unterscheiden muss – u.a. durch seinen Namen. Doch Thomas geht es darum, einen Zugang zu dem Gott zu skizzieren, der sich einerseits offenbart hat und offenbart, gleichzeitig aber unser Vorstellungsvermögen übersteigt. In diesem Zusammenhang ist es dann durchaus sinnvoll, auf die Sprache zu rekurrieren. Das elementarste Verständnis besteht dabei in der Vorstellung, dass jedem Ding ein Name zukommt. Dabei kann man im Sinne einer „realistischen" Auffassung sogar darüber spekulieren, wie Name und Sache zusammengehören: Der Tisch hieße dann Tisch, weil er so „tischig" wäre. Der Gottesname wäre dann ein Weg, etwas vom Wesen Gottes zu erfassen. Der Textausschnitt kommt allerdings eher zu einem Zwischenfazit im Sinne einer „negativen" Theologie.

Interessant ist der Dreischritt Worte – Begriffe – Begriffe als Abbilder der Dinge. Thomas argumentiert im Übrigen hier wie später der Religionskritiker Feuerbach, indem er die Eigenschaften Gottes aus der Steigerung der empirisch wahrnehmbaren Charakteristika der Menschen bzw. der Schöpfung darstellt. Doch zum Wesen Gottes meint er so nicht vordringen zu können. Die Namensformel in Ex 3,14 bietet für ihn am ehesten den Hinweis auf Gott im Sinne des „Seins". Heute übersetzt man den Gottesnahmen JHWH meist am ehesten im Sinne von „Ich bin bei euch".

2. Die beiden Glasbilder

Die mittelalterliche Kunst stellt die Geschehnisse von AT und NT oft so einander gegenüber, dass das eine Ereignis auf das andere verweist. Manchmal ist das für uns sehr einleuchtend, manchmal wirkt es etwas gezwungen. Im von uns gewählten Beispiel bilden die beiden Bilder eine argumentative Steilvorlage. Natürlich ist die Namensoffenbarung Gottes am Sinai eine Schlüsselszene zum Verständnis Gottes – zudem in einer Geschichte, die auch für Kinder gut nachvollziehbar ist. Dies gilt auch und gerade für das Unerklärliche (brennender Busch, der nicht verbrennt!), das mit dem Sich-Entbergen Gottes verbunden ist.

Daneben setzt nun aber der Glaskünstler das Bild von der Geburt Jesu Christi. Damit gibt er eine Antwort (auch auf die Frage des Gottesnamens), die im Argumentationsaufbau des Thomas viel später kommt, dass nämlich der Name, in dem uns Gott erkenntlich erscheint, der von Jesus Christus ist. Er ist der Gottesname, der uns genau zeigt, wie Gott wirklich ist.

Zu den Bildern
Wir erkennen links den etwas unsicher blickenden Mose mit den nackten Füßen (Schuhe ausgezogen!). Der sich oben zeigende Gott, trägt – der Zeit gemäß – den Christusnimbus

(und ist damit darstellbar!). Rechts sehen wir die Schlange. Sie ist ein Verweis auf Ex 4, wo sich nach Gottes Namensoffenbarung und der Auftragserteilung an Mose dessen Stab zu einer Schlange verwandeln lässt.

Das rechte Bild zeigt die Geburtsszene in Bethlehem. Jesus liegt auf einem altarförmig gestalteten Tisch mit Blick auf seine Mutter Maria, die die linke Hand nach ihm ausstreckt, Josef ist rechts mit Stab zu sehen, oben Ochs und Esel. Die Pflanzenornamentik verweist auf die Wurzel Jesse und verbindet so AT und NT.

3. Der Bichsel-Text

Der Plot des Bichsel-Textes ist einfach und für Kinder meist witzig. Er ist aber theoretisch durchdacht und nimmt zentrale Gedanken der Sprachphilosophie von Ludwig Wittgenstein auf. Bei Thomas klingt auch der im Prinzip einleuchtende Gedanke an, dass im Grunde jede Sache ihren Namen habe. Doch schon im ausgehenden Mittelalter kam der Gedanke auf, dass diese Zuschreibung nicht „von Natur aus" existiere und damit im Grunde zur Disposition stehe. Die Bedeutung eines Wortes ergibt sich dann – so Wittgenstein – aus ihrem Gebrauch. D.h. auch, dass sich die Benennung im Prinzip auch ändern könne. Allerdings zeigt die Geschichte von Bichsel auch, dass es – wie ebenfalls Wittgenstein betont hat – keine Privatsprachen geben kann. Unser kreativer Mann erfährt nämlich, dass ihn jetzt keiner mehr versteht. Insofern geht es in dieser Geschichte eher um ein Gedankenspiel als um eine Möglichkeit des realen Lebens. Doch allein der Gedanke, dass man die Dinge auch anders benennen könnte, ist ein wichtiger Anstoß. Im Islam spielt man etwa mit dem Gedanken, dass man viele der „schönen Namen" Gottes zwar kenne, aber eben nicht alle.

4. Was Kinder dazu sagen

Mädchen (9 Jahre): „Ich glaube, dass der Name schon etwas sagt. Also beim Baby, da denkt man doch, dass das süß ist. Das stellt man sich so vor. Das kann nicht alt und runzlig sein."

Frage: *„Warum ist es wichtig, dass man sich unter einem Namen etwas vorstellen kann?"*
Mädchen: „Damit es keine Missverständnisse gibt."

Frage: *„Haben wir auch eine klare Vorstellung, wenn wir ‚Gott' sagen?"*
Mädchen: „Niemand weiß, wie Gott ist, aber wir haben eine Vorstellung, dass Gott alles Gute macht."

Frage: *„Woher hast du die Vorstellung?"*
Mädchen: „Aus der Bibel. Ich glaube, dass man Gott verstehen muss, weil die Begriffe, manche Begriffe passen gar nicht zu ihm. Streiten, Kämpfen, das geht nicht. Aber

Vertragen, Lieben, das passt. Wie mit Babys. Die kriegen auch einen Namen. Blöde Namen passen da nicht. Die Begriffe sagen dann, wie die sind. Manchmal ist das so, weil Namen etwas sagen sollen."

5. Vorschläge

Die Frage nach dem oder den Namen Gottes ist eine interessante Spekulation (z.B. die schönen Namen Allahs im Islam). Man kann dies sprachphilosophisch im Sinne Bichsels thematisieren: Sind die Namen zugeschrieben oder „gehören" sie zu ihrem Träger? Wie ist das bei Gott?

Man kann den Dreischritt rekonstruieren lassen.

Spannend ist es, den magischen Charakter des Namens ins Spiel zu bringen, am besten über das Märchen „Rumpelstilzchen", wo deutlich wird, dass derjenige, der den Namen kennt, Macht über den Namensträger hat.

Von daher lässt sich gut erklären, warum im Judentum der Gottesname nicht ausgesprochen wird. Dies ist ja auch das Fazit des vorgestellten Textes.

Wie kann ich zu Gott sprechen?

Aber wie soll ich anrufen meinen Gott, meinen Gott und Herrn, da ich ihn doch, wenn ich ihn anrufe, zu mir hereinrufen muss? Ist denn eine Stätte in mir, wohin mein Gott kommen könnte, wenn er eingeht bei mir? Ja, wohin könnte Gott kommen, wenn er bei mir einkehrt, der Gott, der Himmel und Erde gemacht hat? Gibt es denn irgendetwas in mir, mein Herr und Gott, das dich fassen könnte? Fassen dich Himmel und Erde, die du geschaffen, mit denen du auch mich geschaffen hast? Oder liegt es im Gegenteil so, da ohne dich gar nichts sein kann, dass alles, was ist, dich fasst? Dann brauche ich ja, eben darum, weil ich bin, nicht erst zu bitten, du mögest zu mir kommen, da ich nicht sein könnte, wärest du nicht in mir. (...) Wohin also soll ich rufen, da ich in dir längst bin? Oder woher solltest du zu mir kommen? Wohin könnte ich mich schwingen, über Himmel und Erde hinaus, dass von da mein Gott zu mir käme, der gesagt hat: „Ich bin's, der Himmel und Erde füllet"?

Augustin

Lesser Ury, Gläubig aufblickender Mann.

Eine französische Legende: Der betende Gaukler

Es war einmal ein Gaukler, der tanzend und springend von Ort zu Ort zog, bis er des unsteten Lebens müde war. Da gab er all seine Habe hin und trat in das Kloster zu Clairveaux ein. Aber weil er sein Leben bis dahin mit Springen, Tanzen und Radschlagen zugebracht hatte, war ihm das Leben der Mönche fremd, und er wusste weder ein Gebet zu sprechen noch einen Psalter zu singen. So ging er stumm daher, und wenn er sah, wie jedermann des Gebetes kundig schien, aus frommen Büchern las und mit im Chor der Messe sang, stand er beschämt dabei: Ach, er allein, er konnte nichts. „Was tust du hier?", sprach er zu sich, „ich weiß nicht zu beten und kann mein Wort nicht machen. Ich bin hier unnütz und der Kutte nicht wert, in die man mich kleidete."

In seinem Gram flüchtete er eines Tages, als die Glocke zum Chorgebet rief, in eine abgelegene Kapelle. „Wenn ich schon nicht mitbeten kann im Konvent der Mönche", sagte er vor sich hin, „so will ich doch tun, was ich kann." Rasch streifte er das Mönchsgewand ab und stand da in seinem bunten Röckchen, in dem er als Gaukler umhergezogen war. Und während vom hohen Chor die Psalmgebete herüberwehten, begann er mit Leib und Seele zu tanzen, vor- und rückwärts, links herum und rechts herum. Mal geht er auf seinen Händen durch die Kapelle, mal überschlägt er sich in der Luft und springt die kühnsten Tänze, um Gott zu loben. Wie lange auch das Chorgebet der Mönche dauert, er tanzt ununterbrochen, bis ihm der Atem verschlägt und die Glieder ihren Dienst versagen.

Ein Mönch aber war ihm gefolgt und hatte durch ein Fenster seine Tanzsprünge mitangesehen und heimlich den Abt geholt. Am anderen Tag ließ dieser den Bruder zu sich rufen. Der Arme erschrak zutiefst und glaubte, er solle des verpassten Gebetes wegen bestraft werden. Also fiel er vor dem Abt nieder und sprach: „Ich weiß, Herr, dass hier meines Bleibens nicht ist. So will ich aus freien Stücken ausziehen und in Geduld die Unrast der Straße wieder ertragen."

Doch der Abt neigte sich vor ihm, küsste ihn und bat ihn, für ihn und alle Mönche einzustehen: „In deinem Tanze hast du Gott mit Leib und Seele geehrt. Uns aber möge er alle wohlfeilen Worte verzeihen, die über die Lippen kommen, ohne dass unser Herz sie sendet."

1. Zum Augustin-Text

Es ist typisch für die „Confessiones", dass Augustin gebetsartige Einschübe macht. Im vorliegenden Text wendet er seine Überlegungen zum Gebet an Gott selber. Man kann die Frage, wie Gott zu uns kommen kann (und wir zu ihm), metaphorisch sehen. Doch der Reiz des Textes liegt gerade darin, dass er auch auf der konkreten Ebene sinnvolle Fragen aufwirft. Kinder denken die Kommunikation mit Gott durchaus anschaulich. „Sieht Gott mich?", „Soll ich beim Gebet nach oben schauen?", „Kann da etwas dazwischen sein, so dass mein Gebet nicht ankommt?" Der Text geht erst einmal von der Frage aus, wie es gehen kann, dass der „große Gott" in mein „kleines Herz" kommen kann. Christa Wolf berichtet von der Frage eines Kindes: „Wie kommt das große Fenster in mein kleines Auge?" Diese Frage ist nicht trivial, sondern zeigt die erkenntnistheoretische Sensibilität. Und Augustin kommt genau auf den entscheidenden Punkt: Gibt es in mir etwas, was Gott (in seiner Größe) gleichwohl fassen kann?

Kinder wissen bereits, dass es eines Eingangs (nach Art einer Steckdose) bedarf, damit eine Passung hergestellt werden kann zwischen einem Außen und einem Innen. Der Gedanke hat seine Entsprechung in der biblischen Schöpfungsgeschichte: Gottes Geist (*ruach*) wird von der menschlichen Seele (*näfesch*) quasi „eingeatmet" – und so wird der Mensch lebendig. Diesen Gedanken benutzt auch Augustin, wenn er darauf hinweist, dass alles, was ist, Gottes Schöpferhandeln entsprungen ist. Damit hat auch alles, was ist, in irgendeiner Weise Anteil an ihm. Gott trifft demnach bei allen Begegnungen mit seiner Schöpfung auf etwas Bekanntes, was ihm dann auf irgendeine Weise auch entsprechen sollte. Wenn dem so ist, dann ist Gott immer auch schon (zumindest ein bisschen) in mir und ich auch in ihm. Angesichts dieser innigen Beziehung bedarf es dann keines „lauten Rufens", denn angesichts der Nähe braucht es dann nur einer Zuwendung an Aufmerksamkeit – und schon ist die Gebetsverbindung hergestellt.

2. Bild von Lesser Ury

Der Maler Lesser Ury (1861–1931) gehört zu den deutschen Impressionisten. Neben Motiven seiner Heimatstadt Berlin malte er in seiner Spätphase zunehmend auch biblische Motive. In diesen Kontext gehört auch das hier abgedruckte Bild. Motivisch schließt es eng an die Aussagen des Augustin-Textes an. Es zeigt, dass die Praxis des Gebetes nicht an eine bestimmte Haltung gebunden ist. (Es lohnt sich, mit Kindern über die verschiedenen Gebetshaltungen zu sprechen, denn diese versuchen jeweils einen Aspekt unseres Gegenübers zu Gott zum Ausdruck zu bringen.) Lesser Ury zeigt einen alten Mann „gläubig aufblickend". Ob das Lebensalter des abgebildeten Mannes autobiografisch gemeint ist oder den Typus des „alten Weisen" darstellen soll, lässt sich nicht klären. Wichtig und für uns zentral ist der nach oben gerichtete Blick. Auch dieser bildet eine Steilvorlage zum Gespräch mit Kindern. Seit den Studien des Schweizer Philosophen und Entwicklungspsychologen Reto L. Fetz* wissen wir von der zentralen Bedeutung der Oben-unten-Unterscheidung. Die in der kindlichen Himmelsvorstellung quasi anthropologisch fixierte Vorstellung, dass Gott und seine Wohnung „oben" seien, bleibt als Intuition erhalten auch dann, wenn unser Weltbild eine solche Zuordnung eigentlich nicht mehr zulässt. Der zum Himmel gerichtete Blick des Mannes lässt sich von daher als eine Art Gebet vorstellen, das von Herzen kommt und sich über das Wissen hinwegsetzt.

Man kann das Bild im Detail beschreiben lassen, aber auch darüber nachdenken, wie wir selbst in dieser Weise „gläubig schauen" könnten.

3. Zum Text „Der betende Gaukler"

Hubertus Halbfas hat eine kleine Geschichte entworfen, von der man annehmen kann, dass sie in ähnlicher Diktion schon früher anekdotisch weitererzählt worden ist. Das Motiv trifft mitten hinein in die Frage, wie wir Nähe zu Gott herstellen können. Das Stundengebet der Mönche gilt hier als einer der klassischen Wege. Auch wenn man sich das heute kaum vorstellen kann, so war es doch in früheren Zeiten eher ein Privileg, einen großen Teil des Tages nicht der schweren Arbeit widmen zu müssen. Dieser bekannten und geschätzten Praxis der Mönche steht das Leben des Gauklers gegenüber, der all seine Aufmerksamkeit seinem Beruf widmen muss. In der beschriebenen Szene stoßen nun diese beiden Zugänge zur Welt (und zu Gott) aufeinander. Der Gaukler muss erfahren, dass die religiösen Übungen der Mönche auch Zeit und Aufwand erfordern, um sie in perfekter Weise praktizieren zu können. Dies führt nun bei dem Gaukler zu einem Gefühl des Ungenügens und der Resignation. Seine eigene, den ganzen Körper umfassende Tätigkeit zum Lobe Gottes kann er deshalb gar nicht wertschätzen. Erst der weise Abt zeigt ihm, dass es verschiedene Wege zu Gott gibt und dass der traditionelle Weg der Mönche nicht zwangsläufig der überlegene sein muss.

4. Was Kinder dazu sagen

Die folgende Sequenz aus einer zweiten Klasse macht deutlich, wie Kinder mit der von Augustin angeschnittenen Frage ringen:

Jacques: „Gregor, das stimmt nicht, der Gott ist immer bei jedem da. Nur den kann man gar nicht sehen."
Gregor: „Aber er ist jetzt nicht gerade bei mir hier/er sitzt jetzt nicht gerade hier mitten im Kreis."
L: „Valentin, kannst du's kurz sagen, wie du's meinst?"

---

* Reto L. Fetz, Die Entwicklung der Himmelssymbolik. Ein Beispiel genetischer Semiologie, in: JRP 2 (1985), Neukirchen-Vluyn 1986, 206–214.

Valentin: „Also, ich meine nicht, dass er hier sitzt, sondern der ist einfach überall, weil der könnte das gar nicht."

Philipp: „Der kann jetzt nicht einfach so, weil er merkt, wir haben jetzt Religion, 'ne andere Klasse jetzt allein lassen, weil er jetzt denkt: Ich hab' heute frei und dann in die Mitte vom Kreis kommen. So geht das nicht. Der ist zwar schon überall, der kann aber nicht unbedingt gleich neben mir sitzen."

Ramona: „Was zum Valentin dazu. Der Gott kann nicht bei jedem sein, der kann sich ja nicht verteilen. [Schüler/innen dazwischen: „Doch." (Ramona schüttelt den Kopf.)]

L: „So, Sofia."

Sofia: „Der Gott hat (...) ungefähr die Welt in den Händen und so ist er auch so bei den Kindern und Menschen und so, und bei Tieren und Pflanzen, überall (...) aber der kann halt wohl nicht gerade bei diesem zum Beispiel dem Julian, dem Malte, neben den ganzen Kindern sitzen, neben den Stühlen, neben den Tischen, neben der Gitarre oder was, sondern der hat halt die Hände drum."

5. Vorschläge

Es geht auf dieser Doppelseite um die gegenseitige Bewegung: vom Beter hin zu Gott und von Gott zum Beter. Für die Kinder ist dieses Dasein Gottes bei ihnen durchaus ein kognitiv zu bewältigendes Problem.

Sie lesen die Frage des Augustin wohl in dem Sinne:
➢ Wie kann der unendlich große Gott in mein kleines Herz kommen?

Die weitergehende Frage lautet dann aber:
➢ Kann ich selbst etwas tun, damit Gott sich mir leichter nähern kann?

Verschiedene Gebetshaltungen können besprochen werden:
➢ Was bedeutet es, die Hände zu falten?
➢ Was bedeutet es, sie nach oben hin zu öffnen?
➢ Soll man die Augen schließen oder eher wie der Mann auf dem Bild nach oben erheben?
➢ Kann man auch – wie der Gaukler – mit dem ganzen Körper bzw. dem ganzen Herzen beten?

Gott weiß im Voraus, was in Zukunft geschehen wird. Nun könnte man sagen, dass damit auch gesagt ist, ob jemand sündigen wird oder nicht. Damit ist nicht gesagt, dass ich in Zukunft sündigen muss, sondern ich werde gegebenenfalls sündigen, obwohl ich es nicht müsste. Und das weiß Gott voraus.

Anselm von Canterbury

Rembrandt van Rijn, Der ungezogene Knabe.

Gerhard Büttner: Die Ritterburg

Michael ist 10 Jahre alt und hat zwei Leidenschaften: Ritter und Lego-Bauen. Als er von der Schule nach Hause kommt, ist er der erste – seine Eltern und der sechsjährige Frieder sind noch unterwegs. Als er seine Ritterburg ansehen will, durchzuckt es ihn plötzlich. „Die ist ja kaputt", denkt er. In der Tat steht das Gebäude, das er mit viel Zeit und Mühe zusammengebaut hat, jetzt auf dem Fußboden. Doch der Turm ist abgebrochen und auch in der Mauer ist eine große Scharte. „Wer war das?", fragt Michael erzürnt. „Könnte es Mama oder Papa beim Saugen mit dem Staubsauger passiert sein?" Doch als er einen Blick auf das Bett seines Bruders wirft und dort Legosteine verstreut sieht, da ist sich Michael sicher, wer der Täter war. Nur ein Gedanke kommt in ihm hoch: Rache. „Was kann ich tun, damit Frieder ein für alle mal weiß, dass er meine Sachen nicht kaputt machen darf und mich fragen muss, wenn er meine Legos benutzen will?" Bei diesem Gedanken sieht er den Schlafhasen seines Bruders. Er weiß, dass sein Bruder an diesem Kuscheltier sehr hängt. „Das werde ich ihm kaputt machen", beschließt Michael. „Aber wie?" Dazu braucht er eine Schere. Eigentlich hat er eine eigene, aber die liegt nicht auf seinem Schreibtisch und auch nicht in dem Becher, wo sie hingehört. Michael grübelt: „Wo hat denn Mama ihre Scheren?" Er geht in die Küche, doch in den vermuteten Schubladen findet er nichts. „Mama hat doch einen Nähkorb, aber wo?", fällt ihm ein. Bevor er jetzt anfängt, an Plätzen zu suchen, wo er nur die Ordnung der Eltern stören würde, besinnt er sich nochmal auf sein eigenes Zimmer. „Sind nicht unter meinem Bett noch einige Sachen?", vermutet er. Er holt sich an der Garderobe einen Bügel. Damit kann er leichter unter dem Bett nachstochern, ob da noch was ist, was er nicht sehen kann. Doch mit der Schere wird es nichts. Dafür macht Michael einen überraschenden Fund. Mit Hilfe des Bügels gelingt es ihm, ein Buch hervorzukramen. Es ist das verloren geglaubte Ritterbuch. Michael fängt gleich an zu blättern. Jetzt findet er das Bild mit der Burg. Er schaut es lange und sorgfältig an. Da fällt ihm auf, dass der Turm seiner Legoburg zu hoch und zu dünn geraten war. Außerdem hatte er die Zugbrücke vergessen. Da macht er sich daran, die Burg so umzubauen, dass sie aussieht wie auf dem Bild im Buch. Als der Rest der Familie ankommt, ist Michael in sein Bauen versunken – und böse ist er dem kleinen Bruder auch nicht mehr.

Als Michael am Abend über den Tag nachdenkt, da entfährt ihm der Satz: „Danke lieber Gott, dass ich den Schlafhasen von meinem Bruder nicht kaputt gemacht habe!"

1. Zum Anselm-Text

Anselm von Canterbury hat sich in zwei Schriften mit der Frage des freien Willens beschäftigt. Aus der letzteren stammt unser Abschnitt, der hier vereinfacht wurde, um das Problem verständlich zu machen, zumal selbst „die Lösung" für heutiges Denken alles andere als einfach ist.

Unsere Fragestellung ergibt sich fast zwangsläufig, wenn man sich die Kernkonstellation jeglicher Theologie vergegenwärtigt. Wenn man die Gottheit als allmächtig und allwissend denkt, dann kann man sich auch denken, dass diese Gottheit letztlich alles Geschehen auf der Welt bestimmt und kontrolliert. Was bedeutet das dann für den Menschen? Wenn man ihm Autonomie und Willensfreiheit zuschreibt, dann kollidiert das mit der Alles-Bestimmung durch Gott. Wenn man sein Handeln nur in Abhängigkeit von Gott denkt, wird der Mensch zur Marionette. Hinzu kommt die Erfahrung des Bösen. Wer ist dafür zuständig? Ein autonom schlecht handelnder Mensch lässt die Frage entstehen, warum Gott das zulässt. Ein böse handelnder, von Gott gesteuerter Mensch ließe an Gottes Güte zweifeln.

In diesem Dilemma muss sich die Argumentation der Theologen bewegen. Anselm führt dazu den Begriff der „Notwendigkeit" ein. Das bedeutet, dass laut Anselm keine Notwendigkeit für den Menschen besteht, zu sündigen. Somit sieht der Rahmen für sein Handeln erst einmal kein sündiges Verhalten vor. Doch der Mensch hat – nach Anselm – die Freiheit zu sündigen, in dem Sinne, dass Gott dies zwar nicht will, aber zulässt.

Diese Argumentation ermöglicht es, an den Menschen zu appellieren, sich in seinem Handeln am Guten zu orientieren und das Böse zu meiden. Folglich ist der Mensch dann aber auch selber für seine Lebensbilanz verantwortlich – gerade auch gegenüber Gott.

Martin Luther wird in seiner Auseinandersetzung mit Erasmus von Rotterdam die Frage wieder aufnehmen und anders beantworten. Entgegen dem Eindruck, den jeder Mensch spontan hat, dass er nämlich frei sei in seinem Willen, argumentiert Luther, dass dies in Alltagsfragen so sein mag, nicht aber in den Fragen des Glaubens. Wie kommt nun Luther darauf? Luthers Perspektive ist nicht die, ob der Mensch durch moralisches Tun von Gott als gerecht angesehen werden kann, sondern er nimmt die Perspektive Gottes ein. Sein Korrelat zu Gottes Macht ist dessen Gnade. Das bedeutet, dass der Mensch seine positive Bewertung von Gott nur als Geschenk erhalten kann. Dieses Geschenk glaubend anzunehmen, kann er dann wiederum nicht selber wollen, sondern dieser Wille muss von Gott geschenkt sein. Also hat der Mensch gerade in dieser entscheidenden Frage keinen freien Willen. Soweit das Sündigen mit dem Glauben in Verbindung steht, ist auch hier ein Appell an den menschlichen Willen sinnlos, denn das Nicht-Sündigen ist dann Geschenk Gottes.

2. Rembrandt: Der ungezogene Knabe

Die Federzeichnung zeigt eine Szene aus dem Alltag. Zwei Frauen wenden sich einem Kind zu, das offensichtlich nicht so will wie sie. Rechts im Hintergrund sieht man zwei weitere

Kinder – womöglich Geschwister. Dass auch kleinere Kinder sehr ausgeprägt ihren Willen zum Ausdruck bringen (man denke an die sog. Trotzphase), ist nicht ungewöhnlich. Das schreiende Kind ist in einem Alter, in dem es ganz gewiss schon versteht, was die Erwachsenen von ihm wollen. Grundsätzlich wäre es zum Gehorsam fähig, verweigert diesen aber.

Diese Erziehungskonstellation hat früher zu grundsätzlichen anthropologischen Überlegungen Anlass gegeben. Ist das Kind von Grund auf „gut" oder „böse"? Die Beobachtung, dass bereits kleine Kinder in aggressiver Weise ihrem Willen Ausdruck verleihen, war man bereit, der sog. „Erbsünde" zuzuschreiben, der man dadurch begegnen wollte, dass man den Willen der Kinder zu brechen versuchte. Geht man hingegen davon aus, dass der Mensch von Anfang an auch Sünder ist, bedeutet dies keine Charaktereigenschaft, sondern eine theologische Erkenntnis. So gesehen ist „Bravheit" so wenig theologisch ableitbar, wie der hier sichtbar werdende Zorn des Kindes.

Für uns ist das Bild deshalb interessant, weil es die bei Anselm angezeigte Frage des Sündigens bzw. Nicht-Sündigens im Kontext Erwachsener als eine Frage zeigt, ob man denn bewusst das Sündigen unterlassen könne. Bei einem sehr kleinen Kind kann man darüber diskutieren, wieweit dieser Zornesausbruch bewusste „Sünde" sein kann oder soll.

3. Die Geschichte von der Ritterburg

Die Geschichte ist auf der Ebene der kindlichen Erfahrungen gut nachvollziehbar. Da ist ein Affekt, der zu unangenehmen Taten drängt – und dann ist da bald auch wieder ein anderes Interesse im Vordergrund. Was passiert, wenn man die Szene mit Gott als potentiellem Verursacher in Beziehung setzt? Den „guten Ausgang" Gott zuzuschreiben, fällt uns leicht. Doch was hätte Gott damit zu tun, wenn Michael das Kuscheltier seines Bruders zerstören würde? Die Theodizee würde Gott im Zweifelsfall dafür haftbar machen: Warum lässt er so etwas zu?

Anselm argumentiert hier anders. Er lässt Michael an dieser Stelle den freien Willen, das Böse zu tun. Dennoch gibt es keine Notwendigkeit, die böse Tat auch zu realisieren. Damit ergibt sich die nicht einfache Konstellation, dass Gottes Perspektive die Möglichkeit zur bösen Tat durch Michael enthält – aber eben auch die „Wendung zum Guten". Nach dieser Perspektive gibt es keinen Determinismus – d.h. auch eine negative Handlung wäre dann von Gott zwar nicht gewollt, befände sich aber doch innerhalb von Gottes Plan.

4. Was Kinder dazu sagen

Frage: „Glaubst du, Gott weiß, was in Zukunft geschieht?"
Mädchen (11 Jahre): „Ich glaube, er weiß es. Denn als die Leute geboren wurden, dann hat er, glaube ich, nach meiner Theorie, schon wie bei SMS die ganze Vorschau, wie die leben, also was im Leben passiert, so wie es in einer Nachricht drin steht. Er weiß dann sofort, was die machen werden. Aber ich glaube, es ist immer noch deine Chance, also

deine Sache, also du hast trotzdem die Freiheit, es zu machen, wie du willst. Nur zu 99,9 Prozent wirst du es dann doch so machen, wie Gott es gewusst hat, aber du hast immer noch die Chance, es anders zu machen. Denn stell dir vor, du bist ein Autor, dann kannst du was schreiben, kannst es aber auch wieder durchstreichen. Also kannst du immer noch etwas ändern, also anders machen."

Frage: *„Kannst du selber entscheiden, ob du etwas Gutes oder Böses tust?"*
Mädchen: „In gewisser Weise schon, denn wenn man etwas tut, dann wird man sich ja schon denken, was für Nachfolgen das hat, und Gott wird dann schon wissen, ob man eher die gute oder manchmal die schlechte Variante nimmt, aber es ist immer noch die Entscheidung von demjenigen, den es betrifft."

Frage: *„Kannst du denn immer wissen, ob etwas gut ist oder nicht?"*
Mädchen: „Nein, zum Beispiel wenn du einen liebst, dann werden deine Gedanken auch ein bisschen vernebelt und du weißt nicht, ob der wirklich so gut ist. Und am Ende, wenn du nicht mehr in den verknallt bist, dann merkst du es. Also kann man das nicht so gut entscheiden (lacht)."

5. Vorschläge

Zum Anselm-Text
➢ Warum ist es so schwer Gottes Voraussehen und den freien Willen zusammenzudenken?
➢ Was weiß Gott laut Anselm über mein zukünftiges Tun voraus?
➢ Wie ist das, wenn ich etwas Böses tue?
➢ Beschreibe, was du auf dem Rembrandt-Bild siehst!
➢ Hat das schreiende Kind nach Anselm einen freien Willen?
➢ Wie ist das bei kleinen Kindern? Können die schon wissen, was sie mit ihrem Handeln bewirken?

Zur Ritterburg-Geschichte
➢ Mache eine Liste mit dem, was Michael tut.
➢ Notiere zu jedem Schritt, ob Michael ihn mit Absicht macht oder eher zufällig.
➢ Hat er Grund, Gott dafür zu danken, wie die Sache ausgegangen ist?

Was passiert mit unseren Verfehlungen?

Es ist zu bemerken, dass in der Zukunft alles entdeckt wird, wenn man es nicht hier offenbart. Es wird aber offenbart von Dreien. Zuerst von dem Himmel [...], zweitens von ihnen selbst [...] „Ihr Gewissen gibt ihnen Zeugnis", drittens von Gott [...]. Aber der Zorn Gottes wird offenbar an Allen, die hier nicht bekennen wollen, wie der Apostel sagt: „Es wird aber der Zorn Gottes über jeder Missetat offenbar", von der uns der Herr befreien wolle, welcher lebt und regiert in alle Ewigkeit.

Thomas von Aquin

Max Pechstein, Und vergib uns unsere Schuld, 1921, © Pechstein – Hamburg/Tökendorf.

Als ich klein war, war die Lisi meine Puppe. Ihre Beine und ihre Arme waren aus Gummi. Ihr Kopf aus Porzellan. Ihr Bauch war aus Stoff. Im Bauch war Sägemehl. Die Lisi war sehr schön.

Einmal ist der Gerhard zu mir gekommen, weil seine Mutter meiner Mutter beim Putzen geholfen hat. Der Gerhard war doppelt so alt wie ich. Ich habe ihn sehr bewundert und war glücklich, dass ein so großer Bub mit mir spielt.

Der Gerhard hat gesagt: „Wir spielen Doktor!" Er hat die Lisi genommen, hat sie ausgezogen und hat gesagt: „Sie hat den Blinddarm und ein Geschwür am Bein! Schwester, die Schere!" Ich habe mich gefreut, dass ich die Krankenschwester sein darf. „Hier, Herr Doktor", habe ich gesagt und ihm eine spitze Schere gegeben. Ich habe nicht gedacht, dass er wirklich in meine Lisi hineinschneidet.

Wie der Gerhard den Bauch von der Lisi aufgeschnitten hat, habe ich zu weinen angefangen. „Das heilt wieder zu", hat der Gerhard gesagt. Ich habe ihm nicht geglaubt, ich war ja nicht dumm … Ich wollte ihm die Lisi wegnehmen, aber der Gerhard war doppelt so stark wie ich.

Er hat die Lisi nicht hergegeben. Er hat das Sägemehl aus dem Bauch rieseln lassen, dann hat er mit der Scherenspitze Löcher ins Bein gestochen. Und dann ist er ins andere Zimmer – zu seiner Mutter – gelaufen und hat gerufen: „Mama, sie hat ihre schöne Puppe zerschnitten! Sie hat ihre schöne Puppe zerstochen!"

Die Mutter von Gerhard hat das geglaubt. Meine Mutter hat es nicht geglaubt. Sie hat gleich gewusst, dass ich meine Lisi nicht zerschneide und zersteche. Aber sie hat mich nicht die Wahrheit sagen lassen. „Sei still!" hat sie mir zugeflüstert. Und wie der Gerhard und seine Mutter weg waren, hat sie zu mir gesagt: „Sie hätte ihn sonst halb erschlagen. Seine Mutter ist keine freundliche Frau!"

1. Der Thomas-Text

Besonders im Alten Testament wird das Verhältnis Gottes zu seinem Volk, aber auch zu einzelnen Menschen oft sehr „menschlich" dargestellt. Weil Gott sie liebt, ist er immer wieder enttäuscht, wenn sie nicht nach seinen Geboten handeln. In solch einem Fall ergibt die Rede vom „Zorn Gottes" einen guten Sinn. Dieser Zorn äußert sich dann in bestimmten Strafmaßnahmen Gottes. Es fällt uns heute nicht leicht, uns einen strafenden Gott im Detail vorzustellen. Angesichts der Theodizee haben viele Menschen eher den Eindruck, dass Gott unberechenbar ist. Eine Rede vom „Zorn Gottes" hätte nur dann einen Sinn, wenn man einen Zusammenhang zwischen einem bestimmten Verhalten bestimmter Menschen mit einem entsprechenden Ergehen zusammenbringen könnte. Im globalen Kontext ist diese Vorstellung schwierig. Oder soll man sich vorstellen, dass der Hungertod bestimmter Menschen die Strafe dafür sein soll, dass reiche Menschen in der einen oder anderen Weise gefrevelt haben?

Andererseits impliziert der Gedanke von Gottes Zorn die Vorstellung, dass diesem keinesfalls egal ist, was wir Menschen tun. In den sog. „Fremdvölkersprüchen" der Prophetenbücher wird deutlich, dass Gott keinesfalls nur das Handeln seines Volkes Israel im Auge hat, sondern auch das derer, die nicht an ihn glauben.

Blicken wir auf die Passage aus einer Predigt des Thomas von Aquin, dann tritt hier die Rede vom „Zorn Gottes" sehr präzise auf. Ihm geht es hier um den Gedanken, dass letztlich alle Missetaten öffentlich werden müssen. Er spricht damit etwas Wichtiges an. Das Gemeine einer bösen Tat wird ja noch gesteigert, wenn der Urheber geheim bleibt. Dies stärkte den Gedanken, man könne ungestraft böse Taten vollziehen. Daher ist für Thomas das Öffentlich-Machen Voraussetzung jeglicher Wiedergutmachung. Thomas belegt nun mit Bibelversen, dass es letztlich immer zu einer Veröffentlichung der Missetaten kommt. Einmal, weil sie im Himmel registriert werden, auch wenn der Täter meint, im Geheimen zu handeln. Zweitens führt das Gewissen dazu, dass der Täter selbst die Auseinandersetzung mit seiner Tat sucht – und nur eine bekannte Schuld kann vergeben werden! Der dritte Gedanke geht – in tröstlicher Absicht – davon aus, dass der Zorn Gottes all die trifft, die ihre bösen Taten nicht öffentlich bekennen. Im Zusammenhang dieser Predigt ist der Zorn Gottes also die Instanz, die garantieren soll, dass nicht gestandene Missetaten, letztlich von Gott gerächt werden. Wie anfangs gesagt, fällt es aber nicht immer leicht, diese theologisch hoffnungsvolle Annahme in der Realwelt zu identifizieren.

2. Zum Text „Doktor spielen" von Christine Nöstlinger

Der erste Teil der Geschichte ist eindeutig. Ein Junge quält ein jüngeres Mädchen dadurch, dass er ihre Lieblingspuppe zerstört. Wir erwarten, dass dieses Unrecht bekannt gemacht und der Täter bestraft wird. Mit Thomas von Aquin könnte man sagen, es muss öffentlich gemacht werden, denn nur wenn die Schuld bekannt worden ist, kann sie vergeben werden. Dabei ist es seine Überzeugung, dass Schuld irgendwann auf jeden Fall manifest wird und sei es dadurch, dass Gott selbst (in seinem berechtigten Zorn darüber) die böse Tat vergilt.

Der letzte Abschnitt lässt uns aber zögern. Warum verhindert die Mutter, dass die Ich-Erzählerin sagt, was ihr widerfahren ist? Wir erkennen, dass unser Handeln eingewoben ist in ein kompliziertes Machtgefüge. Nicht nur der böse Gerhard ist übermächtig gegenüber der Ich-Erzählerin. Dieser ist wiederum seiner offenbar gewaltbereiten Mutter unterworfen. Und diese Mutter hilft im Haushalt der Ich-Erzählerin beim Putzen – steht demnach in einer gewissen Abhängigkeit von dieser. Die Szene mit der Puppe bildet offenbar nur einen kleinen Ausschnitt von Macht- und Abhängigkeitsbeziehungen mit einer damit verbundenen Gewaltbereitschaft. Kann man diese erschließbare Kette von Missetaten so einfach durchbrechen und geschieht dies durch deren Öffentlich-Machen? Die Bitte der Mutter um Diskretion könnte demnach keine Verheimlichung sein, sondern eine Durchbrechung eines Gewaltverhältnisses. Kann man diese Szene überhaupt religiös deuten? Wen müsste Gott denn dann überhaupt bestrafen? Wem gilt denn dann sein Zorn?

3. Der Holzschnitt von Hermann Max Pechstein aus einem Vaterunser-Zyklus

Wer die Vaterunser-Bitte zur Vergebung der Schuld ausspricht, der geht von einem mächtigen göttlichen Gegenüber aus und er weiß um das Bedrückende der Schuld. Ihm muss man nicht erst den Zorn Gottes vor Augen malen und ihn zum Gestehen nötigen. Die Menschen in dem expressionistischen Holzschitt bedürfen dieser Hinweise nicht. Schaut man in ihre Gesichter, dann sieht man, dass sie alle gezeichnet sind durch schlimme Erfahrungen. Pechstein bringt hier die schlimmen Erfahrungen der Kriegs- und unmittelbaren Nachkriegszeit des Ersten Weltkrieges zum Ausdruck. Die flehentlich Betenden sind einfach gekleidete, kniende Menschen. Sie wenden sich an eine deutlich größere Figur. Es könnte Christus sein (man denkt an den Christus in Schmitt-Rottluffs Emmaus-Bild!). Nimmt man die vorherige Bitte um das tägliche Brot als Anknüpfung, dann könnte es ein Pfarrer sein, der vom Teller die Hostie verteilt (zur Vergebung der Sünden!). Der Gang zum Abendmahl ist traditionell mit dem Bekenntnis der Schuld verbunden, so dass diese im Sinne Anselms ‚offenbar' wird. Das nächste Bild des Zyklus thematisiert dann konsequent die Vergebung gegenüber dem schuldig gewordenen Anderen. Die expressionistische Darstellung ist sprichwörtlich holzschnittartig – d.h. ohne Grautöne in der Darstellung und in der Sache.

4. Was Kinder dazu sagen

Ein Gespräch mit Kindern über die Söhne Elis, des Lehrers des kleinen Samuel (1. Sam 2f).
S: „Also, der Gott, so wie ich ihn jetzt kenn', von den Geschichten her halt, kann ich mir nicht vorstellen, dass der halt, nur weil so'n paar Söhne Radau machen, gleich Menschen sterben lässt."
L: „Machen die nur Radau?"
L (Schülerin): „Ne, das ist aber nicht nur Radau. Also, ich mein', wenn das so weitergeht, dann glauben die Menschen in [...] Israel ja gar nicht mehr an Gott. Also darum muss Gott was tun. Aber ich glaub' [...], eigentlich gibt Gott Verwarnungen, dass sie sich

ändern. Er will ja nicht, dass sie, also dass Menschen überhaupt sterben. Wie bei Jona. Die haben sich geändert. Und konnten, also konnten sozusagen friedlich weiterleben und haben an Gott geglaubt und haben die Gebote befolgt."

L: „Das war jetzt ganz wichtig, was ihr beiden gesagt habt. Gott kennen wir als guten Gott und können uns nicht vorstellen, dass er Menschen sterben lässt. Und gerade deshalb, damit die Menschen sich ändern, warnt er."

S: „Ja, ich glaub' es auch so. Gott will, dass, also dass die Menschen oder seine Menschen gut zusammen leben und so. Das sind doch seine Menschen. So 'ne Strafe, so 'ne harte Strafe jedenfalls gehört da eigentlich nicht dazu. Aber, also, jetzt ist's halt schon fast zu spät, mein' ich. Jetzt hat er gewarnt, so oft. Und jetzt, also, wenn Gott nichts macht, lachen doch die Leute und sagen: ‚Euren Gott gibt's doch gar nicht!'"

[…]

S: „Also, ich glaub fast, für die Söhne ist es jetzt zu spät. Aber warum müssen dann andere Unschuldige sterben?"

L: „Das findet ihr ungerecht?"

S: „Ich bin ganz sauer auf die Söhne. Die sind doch an allem Schuld. Warum muss dann die ganze Familie und vielleicht noch mehr müssen sterben?"

L: „Gibt's keinen Ausweg?"

S: „Glaub ich nicht, oh ist das aber doof. Mist. Wie geht's denn weiter? Jetzt sagen Sie es uns bitte, ich halt's nicht mehr aus!"

Als wir das Ende der Geschichte erzählten, hörten die Kinder erstaunlicherweise gelassen, aber doch etwas niedergeschlagen zu. Ihre Vermutung war eingetreten. Aber sie wollten nicht glauben, dass Gott „normalerweise" straft. Er hatte, ihrer Meinung nach, in dieser Geschichte leider keinen Ausweg mehr gefunden. Etwas entlastend für Gott empfanden sie den Umstand, dass die Menschen im Krieg fielen, dessen Ursache sie nicht im Tötungswillen Gottes sahen, sondern in einem zu schwach gewordenen Volk, das „nicht mehr richtig an Gott glaubt". Abschließend setzten die Kinder ihre Hoffnung in Samuel, der ein vorbildlicher Priester und Prophet werden soll, damit die „gute Seite" des Lebens regieren kann.

5. Vorschläge

➢ Was bedeutet es, wenn jede Missetat irgendwann „herauskommt" (offenbar wird)?

➢ Wie können Menschen den „Zorn Gottes" erfahren?

➢ Merken das die Missetäter? Wieso gibt es die Vorstellung von „Gottes Zorn", obwohl wir doch von Gottes Liebe ausgehen?

➢ Warum will die Mutter nicht, dass Gerhards Mutter von den Taten ihres Sohnes erfährt?

➢ Ist das für dich einsichtig? Gib eine Begründung! Ist es hilfreich, bei schlimmen Erfahrungen vom „Zorn Gottes" zu reden? Trifft er immer „die Richtigen"?

Warum können wir uns selbst kein dauerhaftes Glück erwirken?

Auch der Fisch empfindet ja Lust, wenn er, ohne den Haken zu sehen, den Köder verschlingt. Sobald jedoch der Angler ihn heranzuziehen beginnt, leidet er zunächst innerliche Qual; und dann wird er von aller Freude gerade durch die Speise, an der er sich ergötzte, ins Verderben gezogen. So geht es allen, die um zeitlicher Güter willen sich glücklich schätzen. Sie haben nämlich den Haken schon verschluckt und irren damit umher. Es kommt die Zeit, da sie merken, welche Qualen sie sich in ihrer Gier zugezogen haben. Und darum können sie den Guten kein Leid antun, weil sie ihnen nur fortnehmen, was diese nicht lieben. Denn was sie wirklich lieben und wodurch sie wirklich glücklich sind, dass kann ihnen niemand nehmen.

Augustin

Gustave Courbet, Die Forelle, 1871, Musée d'Orsay, Paris.

Johann Wolfgang von Goethe: Der Zauberlehrling

Hat der alte Hexenmeister
sich doch einmal wegbegeben!
Und nun sollen seine Geister
auch nach meinem Willen leben.
Seine Wort' und Werke
merkt' ich, und den Brauch,
und mit Geistesstärke
tu' ich Wunder auch.

    Walle! Walle
    manche Strecke,
    dass, zum Zwecke,
    Wasser fließe
    und mit reichem vollem Schwalle
    zu dem Bade sich ergieße.

Und nun komm, du alter Besen!
Nimm die schlechten Lumpenhüllen;
bist schon lange Knecht gewesen;
nun erfülle meinen Willen!
Auf zwei Beinen stehe,
oben sei ein Kopf,
eile nun und gehe
mit dem Wassertopf!

    Walle! Walle
    manche Strecke,
    dass, zum Zwecke,
    Wasser fließe
    und mit reichem vollem Schwalle
    zu dem Bade sich ergieße.

Seht, er läuft zum Ufer nieder.
Wahrlich! Ist schon an dem Flusse,
und mit Blitzesschnelle wieder
ist er hier mit raschem Gusse.
Schon zum zweiten Male!
Wie das Becken schwillt!
Wie sich jede Schale
voll mit Wasser füllt!

Stehe! Stehe!
Denn wir haben
deiner Gaben
vollgemessen! –
Ach, ich merk' es! Wehe! Wehe!
Hab' ich doch das Wort vergessen!

Ach das Wort, worauf am Ende
er das wird, was er gewesen.
Ach, er läuft und bringt behende!
Wärst du doch der alte Besen!
Immer neue Güsse
bringt er schnell herein,
ach! Und hundert Flüsse
stürzen auf mich ein.

    Nein, nicht länger
    kann ich's lassen;
    will ihn fassen.
    Das ist Tücke!
    Ach! Nun wird mir immer bänger!
    Welche Miene! Welche Blicke!

O, du Ausgeburt der Hölle!
Soll das ganze Haus ersaufen?
Seh' ich über jede Schwelle
doch schon Wasserströme laufen.
Ein verruchter Besen,
der nicht hören will!
Stock, der du gewesen,
steh doch wieder still!

    Willst's am Ende
    gar nicht lassen?
    Will dich fassen,
    will dich halten,
    und das alte Holz behende
    mit dem scharfen Beile spalten.

Seht, da kommt er schleppend wieder!
Wie ich mich nur auf dich werfe,
gleich, o Kobold, liegst du nieder;
krachend trifft die glatte Schärfe.
Wahrlich! Brav getroffen!
Seht, er ist entzwei!
Und nun kann ich hoffen,
und ich atme frei!

    Wehe! Wehe!
    Beide Teile
    stehn in Eile
    schon als Knechte
    völlig fertig in die Höhe!
    Helft mir, ach! Ihr hohen Mächte!

Und sie laufen! Nass und nässer
wird's im Saal und auf den Stufen.
Welch entsetzliches Gewässer!
Herr und Meister! Hör' mich rufen! –
Ach, da kommt der Meister!
Herr, die Not ist groß!
Die ich rief, die Geister,
werd' ich nun nicht los.

    „In die Ecke,
    Besen! Besen!
    Seid's gewesen.
    Denn als Geister
    ruft euch nur, zu diesem Zwecke,
    erst hervor der alte Meister."

1. Zum Augustinus-Text

Die Frage nach der Bedeutung zeitlicher Güter beschäftigte Augustin wiederholt und er lehnte eine schlichte Verurteilung des Wohlstandes ab. Das, worauf es seiner Ansicht nach jedoch ankommt, ist die Haltung, die man zu materiellen Dingen einnimmt. Niemals können sie dem Menschen zum Glück verhelfen. Außer Gott allein ist nichts hierzu imstande. Alle menschlichen Versuche, das eigene Heil und Glück zu erwirken, also selbst die eigene Erlösung zu befördern, sind unweigerlich zum Scheitern verurteilt, ob wir das nun so wahrnehmen oder nicht. Aus eigener Kraft heraus vermögen wir nicht einzuschätzen, was uns gut tut. Nicht um zeitlicher Güter, die uns genommen werden oder sich gar zu unserem Nachteil auswirken können, soll es uns gehen, sondern um die ewige Glückseligkeit, die allein in Gott zu finden ist.

Heute gilt es oft als gesellschaftliche Maxime, sich selbst als „homo optionis" möglichst gut zu positionieren und kontinuierlich zu perfektionieren. Dabei erleben sich nicht wenige Menschen als Getriebene, die stets hinter den Idealen von Schönheit, Gesundheit, Prestige und Wohlstand herjagen, ohne diese dauerhaft erreichen zu können. Augustin enttarnt derartige Versuche als selbstzerstörerisch. Er empfiehlt, sich auf Gott hin auszurichten, sich von den Heilsversprechen weltlicher Werte freizumachen, um sich wahres Glück von und in Gott schenken zu lassen.

2. „Die Forelle" von Courbet

Der Realist Gustave Courbet (1819–1877) lässt seine Forelle schicksalsergeben nach oben schauen, wobei ihr schlaffer Körper bereits jeglichen Widerstand aufgegeben hat. Der Köder ist geschluckt und statt der ersehnten Köstlichkeit, die sich vom eintönigen Einerlei wohltuend abgehoben hätte – man beachte die wenig kontrastreiche Farbgestaltung –, sieht das leidende und blutende Tier nun seinem Ende entgegen.

Courbets Forellenbild wirkt auf den Betrachter sehr intensiv und bedrückt durch die Unentrinnbarkeit der Situation. Was als Glücksfall von der Forelle angesehen wurde, wurde ihr zum Verhängnis. Die in Augustins Text beschriebene Qual wird hier mehr als anschaulich.

3. Goethes „Zauberlehrling"

Goethes Ballade vom „Zauberlehrling" steht exemplarisch für die menschliche Gier nach Macht, Einfluss und Ansehen sowie für die damit oft einhergehende Selbstüberschätzung. Vieles, was auf den ersten Blick einfach und begehrenswert aussieht, ist auf den zweiten Blick mit nicht überschaubaren Anforderungen und Konsequenzen verbunden.

Kinder und Jugendliche können sich gut in den Zauberlehrling hineinversetzen. Sie kennen das Gefühl, noch „in der Warteschleife des Lebens" zu sein, sich ausgebremst zu fühlen und vor Ungeduld mit den „Hufen zu scharren". Die Schattenseiten der Wunscherfüllung bleiben dabei oft ausgeblendet, da das Glück zum „Greifen nah" erscheint.

4. Was Kinder dazu sagen

Frage: „Freuen sich alle Menschen über die gleichen Dinge?"
Mädchen (13 Jahre): „Es kommt auf deren Verhältnisse an. Die ärmeren Menschen freuen sich ja auch über Essen. Wenn die das haben, dann sind die glücklich."
Junge A (13 Jahre): „Im Fußball gibt es Glück, wenn der Ball vom Pfosten ins Tor geht. Da freut sich dann nicht jeder drüber."
Junge B (12 Jahre): „Weltfrieden macht alle Menschen glücklich."

Frage: „Können Menschen wissen, was sie glücklich macht?"
Mädchen: „Teils."
Junge B: „Wenn man ein Handy will, weil es glücklich macht, könnte man es klauen. Dann würde man aber nicht froh darüber, weil man ein Dieb wäre."

Frage: „Spielt Gott eine Rolle für das menschliche Glück?"
Mädchen: „Das ist wie wenn man einem etwas Gutes tut. Dann kriegt man ja auch etwas Gutes zurück. So ist das mit Gott auch."
Junge B: „Das kann man so allgemein nicht sagen. Nicht jeder, der an Gott glaubt, hat Glück."

5. Vorschläge

Casting-Shows sind ein permanentes Thema auf Schulhöfen und in den Sozialen Medien. Kinder und Jugendliche eifern ihren Idolen nach und möchten selbst gerne einmal im Rampenlicht stehen. Welchen Preis sie mit großer Wahrscheinlichkeit dafür zu zahlen hätten, nehmen sie nicht unbedingt wahr. Im Unterricht könnte zunächst über die Erwartungen und Träume und anschließend über den weiteren, oft nicht mehr allzu glamourösen Lebensweg ehemaliger Stars und Sternchen gesprochen werden. War ihr Glück von Dauer?

Warum musste uns Jesus durch seinen Kreuzestod befreien?

Boso, der fragende Partner Anselms, trägt die folgende Überlegung vor:

„Das ist es, was die Ungläubigen so sehr wundert, dass wir diese Befreiung ‚Erlösung' nennen. In welcher Haft, so sagen sie, oder in welchem Kerker oder in wessen Gewalt wurdet ihr gehalten, aus der euch Gott nicht befreien konnte. Es sei denn, er erlöste euch durch so viele Mühen und schließlich durch sein Blut? Wenn wir ihnen sagen: er erlöste uns von den Sünden und von seinem Zorne und von der Hölle und von der Gewalt des Teufels, den er persönlich zu bekämpfen kam, da wir es nicht vermochten, und er erlöste uns für das Himmelreich; und weil er das alles auf diese Weise tat, zeigte er, wie sehr er uns liebt: so antworten wir: Wenn ihr sagt, Gott hätte all dies durch einen bloßen Befehl tun können, er, von dem ihr sagt, er habe alles durch einen Befehl geschaffen, so widersprecht ihr euch selber, weil ihr ihn ohnmächtig macht."

Anselm von Canterbury

Albrecht Dürer, Schmerzensmann und Kriegsknecht. Aus dem Bilderzyklus „Die große Passion",
© *akg-images.*

Paul Gerhardt: Ein Lämmlein geht und trägt die Schuld

Ein Lämmlein geht und trägt die Schuld
der Welt und ihrer Kinder,
es geht und büßet in Geduld
die Sünden aller Sünder;
es geht dahin, wird matt und krank,
ergibt sich auf die Würgebank,
entsaget allen Freuden;
es nimmet an Schmach, Hohn und Spott,
Angst, Wunden, Striemen, Kreuz und Tod,
und spricht: Ich will's gern leiden.

Das Lämmlein ist der große Freund
und Heiland meiner Seelen;
den, den hat Gott zum Sündenfeind
und Sühner wollen wählen.
„Geh hin, mein Kind, und nimm dich an
der Kinder, die ich ausgetan zur Straf und
Zornesruten;
die Straf ist schwer, der Zorn ist groß,
du kannst und sollst sie machen los
durch Sterben und durch Bluten."

„Ja, Vater, ja, von Herzensgrund,
leg auf, ich will dies tragen;
mein Wollen liegt an deinem Mund,
mein Wirken ist dein Sagen."
O Wunderlieb, o Liebesmacht!
Du kannst – was nie ein Mensch gedacht –
Gott seinen Sohn abringen.
O Liebe, Liebe, du bist stark,
du streckest den in Grab und Sarg,
vor dem die Felsen springen.

Mein Lebetage will ich dich
aus meinem Sinn nicht lassen,
dich will ich stets, gleich wie du mich,
mit Liebesarmen fassen.
Du sollst sein meines Herzens Licht,

und wenn mein Herz in Stücke bricht,
sollst du mein Herze bleiben;
ich will mich dir, mein höchster Ruhm,
hiermit zu deinem Eigentum
beständiglich verschreiben.

Ich will von deiner Lieblichkeit
bei Nacht und Tage singen,
mich selbst auch dir nach Möglichkeit
zum Freudenopfer bringen.
Mein Bach des Lebens soll sich dir
und deinem Namen für und für
in Dankbarkeit ergießen;
und was du mir zugut getan,
das will ich stets, so tief ich kann,
in mein Gedächtnis schließen.

[…]

Wann endlich ich soll treten ein
in deines Reiches Freuden,
so soll dein Blut mein Purpur sein,
ich will mich darein kleiden;
es soll sein meines Hauptes Kron,
in welcher ich will vor den Thron
des höchsten Vaters gehen
und dir, dem er mich anvertraut
als eine wohlgeschmückte Braut
an deiner Seite stehen.

1. Zum Anselm-Text

Beim genauen Hinsehen brechen wir hier mit dem Gedanken der „großen Antworten". Wir bieten selber „große Fragen". Dies geschieht an dieser Stelle nicht ohne Grund. Anselm hat in seiner berühmten Schrift „Cur deus homo?" („Warum Gott Mensch wurde") durchaus ernsthafte Fragen formuliert, bevor er zu deren Beantwortung schreitet. Es fällt uns Heutigen auf, dass die Fragen von Anselms Gesprächspartner Boso eigentlich genau dieselben sind, die sich uns anhand des Kreuzestodes Jesu stellen.

Da ist einmal die Frage nach der „Erlösung". Erleben wir uns in einer Weise „gefangen", dass wir uns nach einer existenziellen Befreiung sehnen? Natürlich kann jeder – vom Kind bis zum Erwachsenen – angeben, was ihn oder sie bedrückt, was besser sein könnte. Aber so dramatisch, dass es um Leben und Tod dabei gehen könnte, empfinden es nur wenige Menschen hierzulande. So verwundert die Antwort einer Schülerin im Hinblick auf Jesu Passion auch nicht: „Wegen meiner paar Sünden hätte der nicht sterben müssen!"

Im nächsten Satz wird aber deutlich, dass es wohl doch um mehr geht – um Gottes Zorn über unsere Sünden und damit auch um unsere Verdammnis nach dem Tod. Beide Vorstellungen erscheinen uns heute nicht mehr so drängend. Warum sollte der „gute Gott" ausgerechnet dann, wenn wir seine Hilfe besonders brauchen, uns verlassen und einem Vernichtungsschicksal ausliefern? Immerhin wird erwähnt, dass unser Geschick offenbar eingezeichnet ist in einen großen Kampf mit einer teuflischen Gegenmacht.

Doch die von Boso zitierten Gegner argumentieren so, wie dies heute der Mainstream tut: Wenn Gott doch gut und allmächtig ist, dann steht es doch in seiner Macht, alle Menschen, die er letztlich erschaffen hat, auch zu erretten. Dies könnte er tun, indem er das Böse in irgend einer Weise hindert oder wenigstens den schuldig Gewordenen dann aus Liebe seine Erlösung zukommen lässt. Warum bedarf es dazu Jesu Leiden und Sterben?

Solche Fragen sind uralt. Bereits die Emmaus-Jünger (Lk 24) rätseln darüber, warum der als Messias erwartete Jesus sterben musste. Anselm hat zu dieser Frage eine Denkfigur entworfen, die für das westliche Christentum bestimmend geworden ist. Wir wissen heute natürlich, auf welchen denkerischen Voraussetzungen er argumentiert – und stellen fest, dass wir diese so nicht mehr teilen. Anselm geht in seiner Antwort auf die Fragen Bosos davon aus, dass durch die menschliche Sünde die Majestät Gottes in einer „objektiven" Weise verletzt worden ist. D.h. dann auch, dass es nicht möglich ist, eine solche Ehrverletzung „einfach" zu verzeihen. Gott ist demnach selbst einem solchen objektiven Zusammenhang zwischen Ehrverletzung und Sühne unterworfen, dass er innerhalb dieses Modus eine Lösung finden muss. Indem er seinen sündlosen Sohn auf die Welt sendet, der dann unschuldig leidet, ist die Ehrverletzung gesühnt und uns Menschen kann dann vergeben werden. Die Frage von Schuld und Verzeihung bzw. möglicher Wiedergutmachung stellt sich heute natürlich in derselben Schärfe wie zu biblischen oder zu Anselms Zeiten. Wir ringen auch jetzt noch um Antworten. Doch eine Genugtuung durch eine Sühneleistung durch Tötung widerstrebt unserem heutigen Denken. Damit wird auch der Gedanke des Sühnopfers Jesu schwierig. Viele theologische Beiträge fragen heute, ob es biblisch korrekt ist, Jesu Heilstat

„für uns" allein auf seinen Tod am Kreuz zu reduzieren. Man sieht diese vielmehr in seiner gesamten Zuwendung zu „uns Menschen", und zwar in einer Radikalität, die dann auch seinen Tod mit einschließt. Jesu Passion ist damit ein Zeichen, dass radikale Menschlichkeit möglich ist, diese aber damit rechnen muss, nicht nur Zuwendung und Anerkennung dafür zu ernten, sondern Widerstand und Verfolgung, ja die Bedrohung des eigenen Lebens. So gesehen wäre dann auch Jesu Tat für unsere Erlösung nicht nur an den Details seiner Passion festzumachen – etwa dem Blutopfer –, sondern Jesu Kommen insgesamt wäre als Erlösungswerk zu sehen. Die von Anselm entworfene Lösung ist als Teil unserer Tradition zu verstehen, die uns in der Bildwelt der kirchlichen Darstellungen und in den berühmtesten Chorälen immer wieder begegnet und deren Bedenken nach wie vor lohnend bleibt.

2. Das Dürer-Bild

Der Holzschnitt ist Teil der ersten Bilder-Bibel. In ihr wurden die Geschehnisse von Passion und Ostern erstmals – durch die neue Drucktechnik – für breitere Schichten zu einem erschwinglichen Preis zugänglich. Dabei wurden eigene Bildkonstruktionen geschaffen – so hier der „Christus im Elend".

Dürer wählt eine Szene, in der Jesus verspottet wird. Er sitzt mit gefalteten Händen – offenbar im Gebet zu seinem Vater. Damit nimmt die Szene das Gethsemane-Motiv auf, das von Jesu Gebetskampf vor seiner Gefangennahme berichtet. Auf seinem Kopf trägt er die Dornenkrone. Auf der linken Bildseite sehen wir einen von Jesu Peinigern. Im Moment schlägt er Jesus nicht, sondern offensichtlich verhöhnt er ihn. Die kniende Pose soll den Moment darstellen, in dem der Soldat dem „Narrenkönig" huldigt. Den Stock reicht er Jesus als eine Art Zepter. Die Kleidung lässt den Mann als zeitgenössischen Landsknecht erscheinen. Damit wird die Szene von Dürer in seine Zeit gestellt. Christi Leid ist gegenwärtig und erinnert den Glaubenden an Christi Heilstat „für uns".

3. Paul Gerhardt: Ein Lämmlein geht ...

Paul Gerhardt erzählt in Liedform das große Drama der Erlösung durch Jesu Passion nach – gemäß den gedanklichen Vorgaben Anselms, die für ihn wie für Martin Luther uneingeschränkt bestimmend waren. Er fokussiert aber nicht auf den zürnenden Gott-Vater, sondern auf ‚das Lämmlein' Jesus Christus, das sich freiwillig und gerne auf den Weg des Leidens begibt. Paul Gerhardt stellt dabei die Liebe noch über das Wollen der Gottheit (dies ist dann doch eine andere Akzentsetzung als bei Anselm!). Es ist dann auch diese Liebe, die das Ich des Liedes als das Wesentliche auch für sich übernimmt.

4. Was Kinder dazu sagen

L: „Warum hat Gott das denn gemacht? Warum hat er ihn erst so qualvoll sterben lassen und dann wieder auferstehen lassen? Es wär' ja auch einfacher durchgegangen, wenn er ihn einfach hätte leben lassen. Warum? Kreuzigung und Auferstehung? Was soll uns Menschen das sagen?"

F: „Dass Gott alles machen kann und auch mit uns alles machen kann. Und dass wir jetzt, wenn wir jetzt weiter so Sünden begehen, dass er das auch mit uns machen könnte / nicht mehr auferstehen, dass er uns auch töten könnte."

L: „Meinst du, das will er uns damit sagen: Ihr bösen Bösen? [drohender Zeigefinger] Wenn ihr böse seid, dann lass ich euch nicht auferstehen?"

[?]: „Nein, aber, die soll'n halt die Sünden nicht mehr begehen."

L: „Das ist richtig. Das ist richtig. Also, Sünden begehen, das soll'n wir nicht mehr. Aber was zeigt uns das, dass Gott seinen Sohn töten lässt? Und wieder auferstehen lässt? M."

M: „Ich glaub, der wollte, dass wir im Nachhinein noch sehen, wie sehr wir/uns Gott und Jesus lieben."

L: „Ja. Liebe."

M: „... dass wir wieder auferstanden."

L: „Ja, es hat was mit Liebe zu tun, oder?"

D: „Ja, auch dass Gott halt ein strafender/liebender Gott ist. Erst war er ja ein strafender Gott, als er ihn hat kreuzigen lassen. Erst ein strafender Gott, als er ihn kreuzigen ließ, und dann ein liebender, als er ihn auferstehen ließ."

L: „Also hat Gott uns seine beiden Seiten gezeigt?"

D: „Ja."

L: „Was überwiegt denn wohl?"

[?]: „Der liebende."

L: „Der liebende Gott. Hm."

S: „Also, ich würd' sagen, wenn Jesus jetzt noch leben würde, würde er sofort für uns sterben, also von Gott getötet werden, damit wir sehen, dass er immer noch die Sünden vergeben soll. Weil wir so viele Sünden machen, z.B. jetzt, ich schätz mal, dass jetzt jeden Moment irgendwo was geklaut wird, das ist ja auch irgendwie 'ne Sünde."

5. Vorschläge

➢ Übertragt das Gespräch mit Boso in eure Sprache! Ihr könnt das Gespräch, das Boso mit seinen Gegnern führt, nachsprechen.

➢ Das Paul-Gerhardt-Lied will eine Geschichte erzählen. Versucht die einzelnen Szenen z.B. in einem Comic bzw. einer Bildergeschichte festzuhalten!

➢ Im jüdischen Versöhnungsfest erinnert man sich an die frühere Sitte, an einem bestimmten Tag alle Verfehlungen symbolisch auf einen Ziegenbock abzuwälzen und diesen dann in die Wüste zu jagen, wo er seinem Tod entgegengeht. Wieso und inwiefern erinnert Jesus an diesen „Sündenbock"?

*I*st Gott gerecht?

Wie er die Bösen gerecht bestraft und gerecht verschont.

Doch ist es auch gerecht, dass Du die Bösen bestrafst. Was nämlich ist gerechter: dass die Guten Gutes und die Bösen Böses erhalten? Wie also soll es gerecht sein, dass Du die Bösen bestrafst, und gerecht sein, dass Du sie verschonst?

Ob Du sie wohl auf eine Weise gerecht bestrafst und auf eine andere Weise gerecht verschonst? Wenn Du nämlich die Bösen bestrafst, ist es gerecht, weil es ihren Verdiensten entspricht; wenn Du sie jedoch verschonst, ist es gerecht, nicht weil es ihren Verdiensten, sondern weil es Deiner Güte entspricht. Denn wenn Du die Bösen verschonst, bist Du ebenso gerecht in Hinsicht auf Dich, nicht aber mit Bezug auf uns, wie Du barmherzig bist mit Bezug auf uns und nicht in Hinsicht auf Dich. Denn indem Du uns errettest, die Du gerechterweise verderben würdest, bist Du barmherzig, nicht weil Du eine Regung verspüren würdest, sondern weil wir die Wirkung verspüren; so bist Du auch gerecht, nicht weil Du uns zukommen lässt, was uns zusteht, sondern weil Du das tust, was Dir, dem überragenden Guten, entspricht. So also strafst und schonst Du ohne Widerspruch in Gerechtigkeit.

Anselm von Canterbury

Pieter Lastman, Jona und der Wal, Öl auf Holz, 1621.

Nach Hause

Bei einer Bahnfahrt saß ich neben einem jungen Mann, der sehr bedrückt wirkte. Nervös rutschte er auf seinem Sitz hin und her, und nach einiger Zeit platzte es aus ihm heraus: Dass er ein entlassener Sträfling sei und jetzt auf der Fahrt nach Hause. Seine Eltern waren damals bei seiner Verurteilung tief getroffen, sie konnten es nicht fassen, ihr eigener Sohn! Im Gefängnis hatten sie ihn nie besucht, nur manchmal einen Weihnachtsgruß geschickt. Trotzdem, trotz allem, hoffte er nun, dass sie ihm verziehen hätten. Er hatte ihnen geschrieben und sie gebeten, sie mögen ihm ein Zeichen geben, an dem er, wenn der Zug an der kleinen Farm kurz vor der Stadt vorbeiführe, sofort erkennen könne, wie sie zu ihm stünden. Hätten sie ihm verziehen, so sollten sie in dem großen Apfelbaum an der Strecke ein gelbes Band anbringen. Wenn sie ihn aber nicht wieder sehen wollten, brauchten sie gar nichts tun. Dann werde er weiterfahren, weit weg.

Als der Zug sich seiner Heimatstadt näherte, hielt er es nicht mehr aus, brachte es nicht über sich, aus dem Fenster zu schauen. Ich tauschte den Platz mit ihm und versprach, auf den Apfelbaum zu achten. Und dann sah ich ihn: Der ganze Baum – über und über mit gelben Bändern behängt. Da ist er, flüsterte ich, alles in Ordnung. Er sah hinaus, Tränen standen ihm in den Augen.

Mir war, als hätt' ich ein Wunder miterlebt. Und vielleicht war's auch eins.

1. Zum Anselm-Text

Aus Anselms „Proslogion" ist vor allem der nur wenige Seiten lange Gottesbeweis bekannt. Die Schrift bietet natürlich noch weit mehr und macht es sich im Ganzen zum Anliegen, einen Zugewinn an Verständnis zu erzielen. Dabei bleibt sie sich aber zugleich der Grenzen dieser Möglichkeit bewusst: „So denn Herr, der Du die Glaubenseinsicht schenkst, gib mir, soweit Du es für nützlich erachtest, dass ich verstehe, dass Du bist, wie wir es glauben, und dass Du das bist, was wir glauben." (Proslogion, c. 2, a.a.O., 21)

In unserem Textauszug zeigt sich nun, dass gerade die Frage nach der Gerechtigkeit Gottes das menschliche Verstehen überfordern kann. Gibt es eine gerechte Verschonung des Bösen? Anselm macht klar, dass es nicht um unsere Perspektive und um unser eigenes Gefühl der Stimmigkeit geht, sondern um Gottes Gerechtigkeit in Hinblick auf sich selbst, der als überragendes Gut sich selbst sowohl in Gerechtigkeit als auch Barmherzigkeit entspricht. Anders, stark vereinfacht ausgedrückt: Wenn Gott straft oder verschont, ist dies stets Ausdruck seiner selbst.

Seelsorglich stellt diese Position eine sehr große – möglicherweise oft zu große – Herausforderung dar. Es ist schwer im Glauben auszuhalten, wenn es Menschen, die egoistisch auf Kosten anderer und ohne jegliche Rücksichtnahme leben, gut geht und ihnen scheinbar alles gelingt, während andere, die sich sowohl um Gott als auch um ihre Mitmenschen sorgen, buchstäblich vor die Hunde gehen. Hier zeichnet sich besonders deutlich ab, inwiefern Philosophie, Theologie und grundsätzlich alle Theorie mit der Praxis nicht ohne weiteres vereinbar sind.

Herausfordernd im Gespräch mit Schülerinnen und Schülern ist es, keine vorschnellen, vertröstenden Antworten zu geben, sondern auch als „Erwachsene" einzugestehen, was uns sowohl intellektuell als auch vor allem emotional überfordert. Anhand der biblischen Jona-Geschichte erfährt dies eine erzählerische Umrahmung. Jona, der Gottes Willen am eigenen Leib erfahren hat, reagiert voller Unverständnis auf die Verschonung der Einwohner von Ninive, denen er doch Gottes Gericht hatte verkünden sollen. Seine eigenen und Gottes Maßstäbe stimmen nicht überein.

2. Das Lastman-Bild

Der niederländische Historienmaler Pieter Lastman hielt fest, wie der große Fisch Jona am sicheren Ufer ausspeit (vgl. Jona 2). Gemäß der biblischen Jona-Erzählung weigerte sich der Prophet zuvor, Gottes Befehl, Ninive drohendes Unheil zu verkünden, in die Tat umzusetzen, und flüchtete stattdessen auf ein Schiff, das ihn nach Tarsis bringen sollte. Auf dem Meer wütete ein Unwetter, so dass die verängstigten Seeleute Jona, der hierin Gottes Wirken erkannte, letztlich auf eigenen Wunsch über Bord warfen. Gott schickte zu Jonas Rettung einen großen Fisch, der ihn verschluckte und drei Tage und Nächte in seinem Bauch behielt. Jona rief Gott im Gebet an und dankte ihm.

Das Gemälde zeigt einen Jona, dessen Arme und Blick nach oben, d.h. zu Gott, gerichtet sind. Jona ist unbekleidet, mittel-, halt- und hilflos und somit vollkommen Gottes

Macht ausgeliefert. Im Kontrast zu dem großen, teilnahmslos blickenden Fisch drücken Jonas Gesicht und Körper dessen Gefühle aus. Unverhofft ist der Prophet im Begriff, buchstäblich wieder Boden unter den Füßen zu bekommen. Lastman veranschaulicht die Unbegreiflichkeit des göttlichen Eingreifens anhand dieser biblischen Szene.

3. Der Text „Nach Hause"

Enttäuschte Erwartungen spielen in zwischenmenschlichen Beziehungen, wie in unserer Geschichte, eine große Rolle. Wir machen uns Bilder davon, was ein angemessenes und richtiges Verhalten ist, und kommen nur schwer damit zurecht, wenn die Wirklichkeit anders aussieht.

Wie es sich anfühlt, eine zweite Chance zu bekommen, erfährt der junge Mann, der sich nach seiner Familie sehnt. Er weiß, dass er nichts einfordern kann, hofft aber dennoch.

Diese Haltung der Hoffnung, die sich im christlichen Kontext auch aus Glaube und Liebe speist, lässt sich auf die Beziehung zu Gott übertragen. Es ist Gottes freie Gnade, wenn er den Menschen mit offenen Armen annimmt. Wir können und müssen dieses „Willkommensein" weder begründen, noch können wir es erzwingen.

4. Was Kinder dazu sagen

Frage: „Wie würdet ihr an Jonas Stelle auf Gottes ersten Auftrag reagieren?"
Mädchen A (13 Jahre): „Also, ich würde das machen, weil es hilft ja eigentlich auch allen Leuten, die da sind. Ich würde hingehen und es versuchen, weil einen Versuch ist es immer wert."
Mädchen B (12 Jahre): „Also, ich sehe das eigentlich genauso. Selbst wenn die dann nicht darauf hören würden, dann steht ja trotzdem Gott auf meiner Seite, sozusagen, weil ich habe mich dann ja getraut."
Mädchen A: „Ein bisschen kann ich schon verstehen, dass Jona dann sauer war. Weil er wollte Gott dann ja doch helfen und ist dann ja hingegangen. Aber Gott hat die doch verschont. Aber eigentlich hat das ja auch gar nichts mit Jona zu tun, weil Gott wollte ja, dass da Frieden ist."

Frage: „Könnt ihr so einen Ärger aufgrund von Ungerechtigkeit nachempfinden?"
Mädchen A: „Ja, wenn meine Schwestern zu Hause irgendeine Scheiße gebaut haben, und ich dafür den Ärger bekomme. Das kann ich nun mal überhaupt nicht verstehen, weil die sind ja schuld daran."
Mädchen B: „Das kenne ich aus der Schule. Wenn meine Nachbarn reden und der Lehrer bestraft mich. Dann muss ich irgendwie einen Aufsatz für die nächste Stunde machen, oder so, und dann finde ich das auch einfach ungerecht."
Mädchen A: „Aber eigentlich ist das eher Pech. Das ist ja nicht lebensbedrohlich."

Frage: „Können wir uns als Menschen Gottes Gerechtigkeit vorstellen?"

Mädchen A: „Eigentlich nicht, die Menschen sind ja alle unterschiedlich, die sind ja nicht genauso wie Gott. Wenn Menschen immer gerecht sein müssten, dann wäre das ja auch irgendwie langweilig, weil man will ja auch mal ein bisschen Spaß haben, wenn man mal eine Regel oder so bricht."

5. Vorschläge

Die Schülerinnen und Schüler lesen den Anselm-Text und klären Verständnisfragen. Anschließend bekommen sie die Jona-Geschichte erzählt. Jeweils zu viert erhalten sie ein Placemat mit dem Bibelwort aus Jes 55,8. Schweigend beginnt der erste Schüler seine Gedanken in eine Ecke zu schreiben. Wenn er fertig ist, reicht er das um 90 Grad gedrehte Blatt weiter. Wenn alle ihre Gedanken aufgeschrieben haben, werten sie in einem Gruppengespräch aus, was sie zusammengetragen haben. Alle Vierergruppen präsentieren im Plenum ihre Ergebnisse.

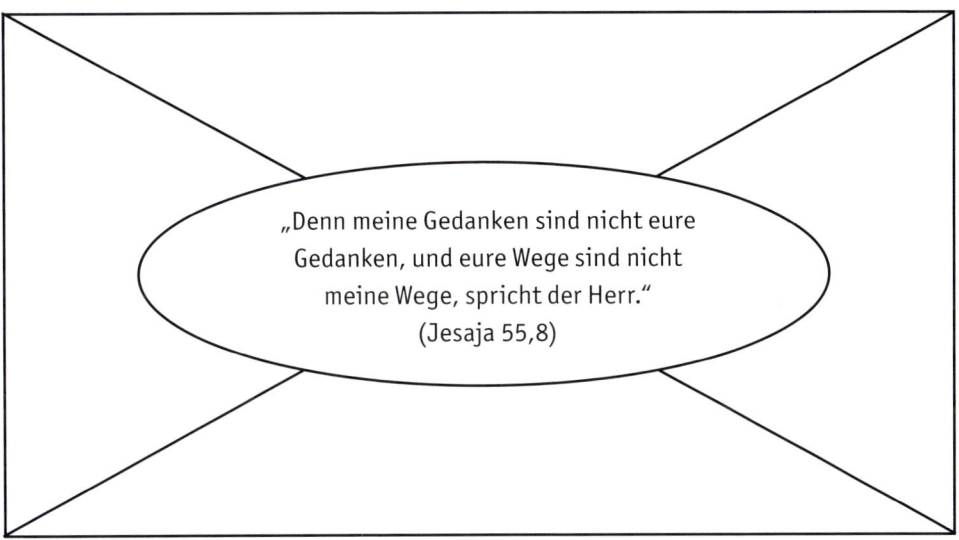

„Denn meine Gedanken sind nicht eure Gedanken, und eure Wege sind nicht meine Wege, spricht der Herr."
(Jesaja 55,8)

Warum gibt es das Böse?

Was ist aber das, was wir Böses nennen, anderes als ein Mangel des Guten? Für einen lebendigen Leib sind die Krankheiten und Wunden nichts anderes als ein Mangel der Gesundheit. (…) So sind auch alle Laster der Seele Mängel an natürlichen Gütern, die nicht anderswohin übertragen werden, wenn sie geheilt werden. (…)

Folgerichtig sind alle geschaffenen Wesen gut, weil auch der Schöpfer aller Wesen in höchster Weise gut ist. Weil sie aber nicht wie der Schöpfer in höchster und unveränderlicher Weise gut sind, deshalb kann das Gute in ihnen gemindert und vermehrt werden. Wird das Gute gemindert, so ist das etwas Böses. Doch so sehr auch das Gute abnimmt, etwas Gutes muss doch zurückbleiben, solange das Sein da ist, eben das, wodurch es ein Sein ist. Wie immer dieses Sein beschaffen und wie armselig es sein mag, jedenfalls kann man das Gute, durch das es ein Sein ist, nicht zerstören, ohne es selbst zu vernichten. (…)

Daraus folgt aber auch, dass das, was man das Böse nennt, nicht da ist, wenn kein Gut vorhanden ist.

Augustin

Hieronymus Bosch, Linker Flügel des Triptychons „Jüngstes Gericht", um 1500–1505, Gemäldegalerie Wien.

Gerhard Büttner: Gibt es das Böse?

In einer Ausstellung mittelalterlicher Bilder findet sich auch eines mit einer besonders phantasievollen Darstellung des Teufels. Er versucht den Eremiten Antonius vom Glauben abzubringen. „Wieso malten die Leute den Teufel damals so? Und woher weiß man denn überhaupt, wie der aussieht?", fragt Frank, der mit seiner Familie diese Ausstellung besucht. „Den gibt es doch gar nicht", wirft da seine Schwester Jasmin ein. „Aber wenn der auf so vielen Bildern dargestellt wird …", gibt Frank zu bedenken. Da meint die Mutter: „Die Menschen versuchten damals wie heute zu verstehen, wie das Böse in die Welt kommt. Und mit dem Teufel hatten sie da erst einmal eine Erklärung. Sie wussten, dass Gott die Welt regiert und damit im Grunde das Gute dominiert. Sie kannten aber auch einen Gegenspieler mit begrenzter Macht – eben den Teufel. So konnte man gut erklären, warum wir Menschen uns oft in einen Kampf verwickelt sehen, der zwischen den Mächten des Guten und denen des Bösen tobt." „Also hat Gott nicht alles in der Hand?", fragt Jasmin. „Weißt du", fährt die Mutter fort, „wenn Gott für alles auf der Welt verantwortlich ist, dann irgendwie auch für das Böse. Warum das so ist, ist schwer begreiflich. Wenn man für das Böse einen Gegenspieler verantwortlich macht, dann muss man zugeben, dass Gottes Macht eingeschränkt ist. Zumindest erleben wir es so." „Weiß man denn immer genau, was gut und was böse ist?", unterbricht jetzt der Vater." Als die andern nachdenken, fährt er fort: „Oft ist es nicht ganz einfach zu entscheiden, weil oft gute Taten negative Folgen haben und böse positive. Wenn man nicht immer nur das einzelne Ereignis betrachtet, fällt es oft nicht leicht, eine Entscheidung zu treffen." Das klingt klug", meint Jasmin, „aber wenn du die furchtbaren Kriegsbilder im Fernsehen siehst oder von Morden hörst, das kann doch für nichts gut sein." „Das stimmt", antwortet der Vater. „Aber stell dir mal vor – so als eine Art Gedankenexperiment – es gäbe jetzt plötzlich nichts Böses mehr auf der Welt …" „Das wäre nach einer Weile langweilig", sagt da Frank. „Vermutlich hängen das Gute und das Böse irgendwie zusammen", gibt der Vater zu bedenken. „Wenn du kein Zahnweh hast, ist das okay, aber nicht besonders gut. Wenn du dagegen Schmerzen hattest und jetzt keine mehr, dann ist das ein echtes Glücksgefühl." „Dann ist der Gedanke, dass es das Böse gar nicht gäbe, sondern dies bloß die Abwesenheit des Guten bedeute, vielleicht gar nicht so dumm", meint da die Mutter. „Das löst wohl auch nicht alle Fragen", entgegnet der Vater, „aber zumindest brauchen wir dann keinen Teufel mehr."

1. Zum Augustin-Text

Sowohl unser Alltagsdenken als auch die meisten religiösen Entwürfe sind geleitet von dem Gedanken, dass die Welt letztlich bestimmt wird vom großen Kampf des Guten gegen das Böse. Dieser Kampf wird immer wieder medial inszeniert, von den Märchen über viele Filme bis hin zu den Computerspielen. Die christliche (wie auch die jüdische und die muslimische) Tradition besetzt die Rolle des Bösen gerne mit dem „Teufel" oder „Satan". Je nach Inszenierung kommt dieser Negativ-Figur eine mehr oder weniger imposante Rolle zu. Das Hauptproblem stellt dessen Stellung gegenüber Gott dar. Gott wird gemeinhin bezeichnet durch seine Allmacht und durch seine Güte. Mit dieser Bestimmung gerät aber die Vorstellung eines mehr oder weniger autonom handelnden Teufels in Widerspruch. Denn wieso darf dieser in der Welt in seiner destruktiven Weise wirken? Es gibt dafür viele Erklärungen: von der Entscheidungsfreiheit des Menschen bis zu der Vorstellung, dass der Teufel die Weltgeschichte nach dem Sündenfall „voran" getrieben und schließlich Gottes Erlösungswerk in Jesus Christus erst veranlasst habe. Doch die Frage der Theodizee der Neuzeit lautet schlicht: Warum lässt Gott das Böse zu? Diese Frage tangiert dann die nach der Existenz einer wie auch immer gearteten Macht.

In diesem Zusammenhang zeigt sich die Genialität von Augustins Überlegung. Wenn es „das Böse" nicht „gibt", dann lösen sich all die hier formulierten Einwände und Fragen wahrlich auch ins „Nichts" auf. Denn ein Nicht-Sein kann erst einmal kaum in dem Sinne gedacht werden, dass es intentional etwas bewirkt. Gerade Letzteres ist nun aber ein zentrales Attribut aller Vorstellungen vom Teufel. Kälte oder Hitze können mich zwar veranlassen, etwas Bestimmtes zu tun, aber hat es einen Sinn, diese zu personifizieren? Augustin führt demgegenüber das Böse als Differenzbegriff ein. Ich kann das Gute offenbar als solches nicht erkennen, wenn ich sein Gegenteil nicht zur Unterscheidung heranziehen kann. Mit diesem Gedanken ist es möglich, das Böse als Aspekt in dieser Welt wahrzunehmen, aber letztlich nicht als eigene Macht, sondern als ein notwendiges Unterscheidungsmerkmal (zumindest in der noch nicht erlösten) Welt.

Dieser Gedanke ist einerseits durchaus einleuchtend. Die Frage bleibt, ob er nicht angesichts der Ungeheuerlichkeiten in der Welt die „Macht des Bösen" unterschätzt – zumindest nach dem Empfinden der leidenden Menschen. Interessanterweise hat im 20. Jahrhundert mit Karl Barth ein berühmter Theologe an dieser von Augustin gezeichneten Linie weitergezeichnet. Er spricht im Zusammenhang des Bösen vom „Nichtigen".

Die Frage ist, ob Menschen in ihren ethischen Entscheidungssituationen von diesem Gedanken profitieren können. Es bleibt letztlich die Hoffnung, dass „das Gute" dank Gott letztlich nicht ins Hintertreffen geraten kann. Doch für das pragmatische Handeln mag Dietrich Bonhoeffers Einsicht weiterreichend sein, dass man auch als verantwortlich Handelnder dem Bösen nicht entgehen kann. Nicht der handelt nach Bonhoeffer verantwortlich, der „nicht handelt" (und so das Böse zu vermeiden sucht!), sondern der, der aus Verantwortung auch Schuld übernimmt – wohl wissend, dass er auch dafür der Vergebung bedarf.

2. Zum Bild von Hieronymus Bosch

Unser Bild zeigt einen Ausschnitt eines Seitenflügels des Jüngsten Gerichts. Während der Mittelteil des Triptychons das Gericht darstellt, steht der eine Flügel für die Hölle, der gezeigte für das Paradies. Doch auch dies ist nicht ungefährdet, sondern bildet am oberen (hier nicht gezeigten) Rand den Engelssturz ab und auf dem dargestellten Teil die Vertreibung aus dem Paradies. Dem Maler geht es also weniger um die Präsentation eines idealen Zustandes als vielmehr um dessen Verlust. Mit dem Engelssturz und der Vertreibung aus dem Paradies werden zwei große Mythen zitiert, die den Ursprung des Bösen markieren sollen. Gen 2 und Gen 3 markieren in gewisser Weise die Antigeschichte zu Augustin. In einem Simultanbild werden gleichsam drei Szenen der zweiten Schöpfungserzählung präsentiert. Im Vordergrund schafft der christusgestaltige Gott Eva aus der Rippe Adams – das Bild zeigt bereits das „Endprodukt". In der zweiten Darstellung erkennt man das Paar unter einem Apfelbaum. Eva hat bereits die Frucht in der Hand. Im Baum erkennt man eine menschengestaltige Figur – lediglich der vorgestreckte Arm erinnert an eine Schlange. Bosch hat hier wohl eine anthropomorphe Teufelsfigur vor Augen. Im hinteren letzten Bild sieht man dann, wie der Engel den Menschen – warum nur noch einen? – aus dem Paradies vertreibt.

Unser Bildausschnitt ruft bewusst eine konkurrierende Deutung des „Bösen" ins Bewusstsein. Gen 2f ist auf seine Weise faszinierend, wenngleich nicht logisch. Denn warum findet sich in der „guten Schöpfung" des Paradieses plötzlich die „böse" Schlange? Doch ist die Vorstellung einer intentional handelnden Personifikation des Bösen für uns einleuchtender als der Erklärungsversuch Augustins? Es sind wohl beides Versuche, sich der letztlich unerklärlichen Erfahrung des Bösen zu stellen.

3. Gerhard Büttner: Gibt es das Böse?

Der Teufel ist eine Figur, die im Symbolangebot von Märchen, Theaterstücken, Filmen und Bildern nicht wegzudenken ist. Dies ist irgendwie verwunderlich, weil man solch einer ‚Comicgestalt' eigentlich nicht mehr ernsthaft begegnen kann. Doch mit der gedanklichen Verabschiedung des Teufels ist streng genommen weder philosophisch noch in der Wirklichkeit etwas gewonnen. Die Geschichte zeigt ein intellektuelles Gedankenspiel, das Lust machen soll, sich selbst daran zu beteiligen.

4. Was Kinder dazu sagen

Elfchen (kurzes Gedicht) – Ergebnis einer Kreativphase im Katechumenenunterricht.

Leere
Das Böse
Saugt am Herz
Prallt dort lautlos ab
Herzensgüte

5. Vorschläge

➢ Nimm 10 Teile (Münzen, Legosteine o.ä.). Stelle dir vor, diese sollen „das Gute" dar-stellen! Die Teile könnten Freundschaft, Gerechtigkeit, Frieden o.ä. bedeuten. Kann man von diesem „Guten" etwas wegnehmen? Was verändert sich, wenn nur noch die Hälfte der Steine da ist? Kann man sich vorstellen, dass das Gute ganz verschwunden ist?

➢ Wenn du dir die Geschichte vom „Sündenfall" anschaust, kannst du einzelne Szenen genauer ins Auge fassen. Was passiert, als Adam und Eva unter dem Baum stehen? Gibt es solche Szenen auch heute – in denen etwas Böses verlockend ist und die Menschen einander die Schuld zuschieben?

➢ Der Theologe Dietrich Bonhoeffer sagt, wer im Angesicht des Bösen selber nichts tut, der ist schlimmer als einer, der eingreift und dabei selber schuldig wird. Begründe deine Ablehnung oder Zustimmung!

Wer ist und was bewirkt der Heilige Geist?

Komm, Gott Schöpfer, Heiliger Geist

Komm, Gott Schöpfer, Heiliger Geist,
besuch das Herz der Menschen dein,
mit Gnaden sie füll, denn du weißt,
dass sie dein Geschöpfe sein.

Denn du bist der Tröster genannt,
des Allerhöchsten Gabe teu'r,
ein geistlich Salb an uns gewandt,
ein lebend Brunn, Lieb und Feu'r.

Zünd uns ein Licht an im Verstand,
gib uns ins Herz der Lieb Inbrunst,
das schwach Fleisch in uns, dir bekannt,
erhalt fest dein Kraft und Gunst. (…)

Lehr uns den Vater kennen wohl,
dazu Jesus Christ, seinen Sohn,
dass wir des Glaubens werden voll,
dich, beider Geist, zu verstehn.

Martin Luther

*Die Ausgießung des Heiligen Geistes an Pfingsten, Miniatur aus einem Reichenauer Lektionar,
Mitte 11. Jahrhundert, Universitätsbibliothek Würzburg.*

Lässt sich die Trinitätslehre ganz einfach – auch für Kinder nachvollziehbar – darstellen? In einem Seminar mit dem Thema „Christlicher Glaube in Alltagssprache" schlug ein Teilnehmer, der selbst eine journalistische Ausbildung und Praxis hat, vor, als Test für „alltagssprachliche Verständlichkeit" sich folgende Aufgabe zu stellen: Zu dem Thema, das allgemeinverständlich vermittelt werden soll, ist ein Rundfunkbeitrag von 90 Sekunden Länge zu schreiben (…). Das Resultat meiner diesbezüglichen Bemühungen sah wie folgt aus: „Wer bei der Konkurrenz das Doppelte zum selben Preis bekommt, greift natürlich zu. Wir sind doch nicht blöd.

Im Christentum bekommen Sie, wenn Sie sich auf den einen Gott einlassen, sogar einen **dreifachen**. Das nennt man **Trinität**. Das sind nicht drei Götter, aber es ist ein Gott **dreifach**. Wie das zugeht, kann man am besten verstehen, wenn man sich ansieht, wie diese Erkenntnis vor knapp 2000 Jahren entstanden ist: Da trat Jesus auf und redete zu den Menschen von Gott. Er lebte mit ihnen zusammen und heilte Kranke. Und nach einer Weile sprach es sich bei immer mehr Menschen herum: Dieser Jesus tut das, was wir uns immer schon von Gott erhofft haben. Er ist wie Gott. Ja, er ist offenbar Gott in Menschengestalt.

Da hatten sie Gott zweifach. Und um sie unterscheiden zu können, nannten sie Jesus den Sohn und Gott den Vater. Denn häufig gleichen die Söhne ja ihren Vätern.

Aber damit nicht genug. Als sie darüber nachdachten, wie ihnen das bewusst geworden war, merkten sie: Das haben wir uns nicht ausgedacht, sondern das hat sich uns förmlich aufgedrängt. Es hat uns eingeleuchtet. Und ihnen wurde bewusst: Das erwirkt derselbe Gott, der uns in Jesus begegnet. Er hat uns das klar werden lassen.

Und diese dritte Form der Begegnung mit Gott nannten sie den Heiligen Geist. Denn durch den Geist werden uns Dinge klar.

Aber immer war und ist es derselbe eine Gott.

So ist es ja auch mit dem Wasser. Es ist immer dieselbe Substanz, auch wenn es einmal flüssig, einmal als festes Eis und einmal als Wasserdampf gasförmig begegnet. Trinität ist: dreimal auf unterschiedliche Weise derselbe Gott. Und dieser Gott meint es gut mit uns."

1. Zum Luther-Text

Die Liedstrophe stellt für Kinder und Jugendliche aufgrund ihrer heute ungebräuchlichen Wortwahl eine Herausforderung dar, was gerade den Reiz ausmacht, ihren Sinn zu ergründen und dabei die eigenen Grenzen auszuloten. Der „Heilige Geist" bleibt unverfügbar und ist zugleich für den Glauben unerlässlich. Weder aus eigener Kraft noch durch Nachdenken oder Wünschen gelangen wir zum Glauben an Gott, den Vater, und an Jesus Christus, Gottes Sohn, sondern allein durch das Wirken des Heiligen Geistes. Deshalb bittet Luthers Lied um das Kommen des Heiligen Geistes, damit er uns mit seinen Gaben erleuchte und trotz der dem Menschen anhaftenden Sündigkeit eine Kräftigung im Glauben bewirke. Das eigentliche Verständnis für unseren dreieinigen Gott können wir uns somit nicht selbst erarbeiten. Wir erhalten es gratis, d.h. aus Gnade, und werden so selbst „Feuer und Flamme" für den Glauben. Wenn Luther sagt: „du bist der Tröster genannt", bezieht sich dies auf Jesu Ankündigung im Johannesevangelium. Dort verheißt Jesus für die Zeit seiner Abwesenheit den Parakleten – übersetzt meist als „Tröster" (Joh 14,16–26). Dieser Name ist gleichsam Programm. Wo der Geist Gottes und Jesu uns begegnet, da sind wir getröstet bzw. in Aufnahme des Sprichwortes „ganz bei Trost". Letzteres umfasst uns ganzheitlich mit Verstand und Herzen.

Wie so etwas gehen kann, kann man wohl am besten beschreibend erzählen, wie es der evangelische Professor für Systematische Theologie Wilfried Härle in seinem Rundfunkbeitrag versucht. Der Heilige Geist bewirkt, dass uns der Glaube „einleuchtet" und wir Gott, den Vater, und Gott, den Sohn, im rechten Licht der Liebe erkennen können.

2. Das Pfingst-Bild aus dem Reichenauer Lektionar

Das Bild stammt wohl aus dem 11. Jahrhundert und wird der Reichenauer Schule zugeordnet. Betrachtet man das Bild im Detail, dann sieht man, dass es sehr genau die Schilderung des Pfingstereignisses von Apg 2 wiedergeben will. Wir erkennen 11 Apostel (ohne die häufig mit dargestellte Maria!). In zentraler Position befindet sich der Apostel Petrus, der an seiner typischen Frisur und Barttracht erkennbar ist. Damit ist auch klar, dass es hier um dessen Rede (Apg 2,14ff) geht. In dieser deutet er die Pfingstereignisse als Erfüllung von Joel 3,15. Von Ps 16,8–11 und Ps 110,1 deutet er dann das Geschick Jesu Christi. Nicht eindeutig erschließbar sind die Gegenstände, die die anderen Jünger Petrus entgegenhalten. Von uns aus gesehen rechts könnte man an eine Schriftrolle denken. Petrus hat ein codexartiges Buch auf dem Schoß, und zu seiner Rechten wird ihm eine aufgerollte Schrift entgegengehalten, deren „Spitze" gewissermaßen wie ein Pfeil auf ihn weist. Nach oben erblicken wir die Feuerzungen über den Köpfen, und schließlich sieht man sieben Strahlen aus einer Art Mandorla hervorgehen. In anderen Bildern ist an dieser Stelle oft Christus zu erkennen.

3. Der Text von Wilfried Härle

Wilfried Härle möchte die Trinitätslehre leicht verständlich beschreiben. Dabei bringt er zum Ausdruck, was auch Luther mit den Worten seiner Zeit veranschaulicht hat. Der Heilige Geist lässt uns über unser Verhältnis zu Gott im Glauben klar werden. Genau das meint auch Martin Luther, wenn er sagt: „Lehr uns den Vater kennen wohl, dazu Jesus Christ, seinen Sohn, dass wir des Glaubens werden voll, dich, beider Geist, zu verstehn."

Zwar ist und bleibt die Dreieinigkeit ein sehr kompliziertes Thema, jedoch können Kinder und Erwachsene anhand von Härles Rundfunkbeitrag erfassen, dass Gott uns zwar in drei Weisen begegnet, aber dennoch der eine selbe Gott ist und bleibt. Das Entscheidende sagt Härle dann im Schlusssatz: „Und dieser Gott meint es gut mit uns."

4 . Was Kinder dazu sagen

Gespräch mit der zwölfjährigen L.

I: „Manchmal in der Bibel heißt es, dass der Geist Gottes über Menschen gekommen ist oder so."

L.: „Früher gab's ja so was wie [I: Propheten] – ja genau, Propheten, da hatte der Heilige Geist sich bestimmt auch gedacht, sozusagen in die Köpfe, aber nicht sichtbar eben halt, sondern hat denen dann das alles erklärt, weil er konnte [sich?] nicht einfach so in Menschen verwandeln. Weil wenn er sich jetzt irgendein' Menschen nehmen würde, kann ja sein, dass der gar nicht an Gott glaubt!"

I: „Doch einmal hat er einen gewählt, das war Jesus."

L.: „Genau. Und Jesus war nachher dann ja der ‚King of God' – seine rechte Hand."

I: „Du hast gesagt: manchmal, wenn Gottes Gedanken in die Köpfe der Leute kommen, das könnte der Heilige Geist sein."

L.: „Ja".

I: „Damit ist natürlich die wichtige Schlussfrage, gibt's das heute noch?"

L.: „Also (...) bei mir war das so, ich wollte als erstes zum Konfirmandenunterricht gar nicht hin. Ich wollte auch nicht in die Kirche, immer nur Weihnachten, wenn's sein musste (...); aber als ich dann das erste Mal im Konfirmandenunterricht war, das hat mir so viel Spaß gemacht und die Lehrerin hat auch gesagt: ‚Ihr dürft selber entscheiden, ob ihr konfirmiert werden wollt oder nicht. Das ist eure Entscheidung und nicht die eurer Eltern'. Meine Eltern haben gesagt: ‚Willst du's machen oder nicht?' Da habe ich gesagt: ‚Ich versuch's' – prompt ging's. Jetzt macht es mir so viel Spaß, ich möchte am liebsten irgendwie immer jeden Sonntag in die Kirche gehen (...)."

I: „Du meinst, da kann man wirklich sagen, das ist das Wirken des Heiligen Geistes?"

L.: „Also, das gibt es so oft bei Konfirmanden. Manche sagen auch – manche kann man eben halt nicht 'rumkriegen. Ich glaub', das weiß der Heilige Geist auch, weil, es gibt auch Kinder, die sagen: ja gut, ich versuch's mal und die woll'n das einfach nicht und dann machen sie's auch nicht. Aber bei vielen klappt das eben halt, das Überreden."

I: „Ja, das wirkt schon. Das heißt, ich glaub', du kannst jetzt ziemlich genau sagen, was der Heilige Geist für dich ist und wie er mit Gott zusammenhängt?! Vielleicht kannst du's nochmal abschließend sagen?"

L.: „Also, ich denk mal, das sind einfach eben halt Gottes Gedanken, die also, die hat er dann zusammen praktisch getrieben und daraus wurde dann eben halt Feuer, oder Luft, aber Luft kann man ja nicht so gut zeichnen. Und die jagt er dann immer durch die Gegend und will sich dann noch mehr Anhänger suchen. Also, dass immer mehr auf die gute Seite kommen."

5. Vorschläge

Der Luther-Text soll zunächst laut gelesen werden. Welche Begriffe sind unklar? Gibt es Worte, die wir heute eher verwenden würden? An der Tafel oder in Gruppenarbeit sollen die in der Liedstrophe vorfindlichen Nomen, Verben und Adjektive dem Heiligen Geist bzw. dem Menschen zugeordnet werden.

➢ Was erfahren wir so über den Heiligen Geist?
➢ Was erfahren wir über den Menschen?
➢ Was ändert sich für die Menschen durch den Heiligen Geist?

Die Kinder sollen anschließend in Kleingruppen versuchen, ihre Erkenntnis in eigene Worte zu fassen, um dann selbst einen „Rundfunkbeitrag" zu schreiben. Das Thema lautet: „Wer ist und was bewirkt der Heilige Geist?" Mit Hilfe von Diktiergeräten oder der Aufnahmefunktion an Smartphones können die Beiträge aufgezeichnet werden. Denkbar ist auch eine musikalische Umrahmung.

Abschließend werden die „Rundfunkbeiträge" in der Gesamtgruppe vorgespielt.

Was bewirkt mein Glaube an Jesus Christus?

Nicht allein gibt der Glaube so viel, dass die Seele dem göttlichen Wort gleich wird, aller Gnaden voll, frei und selig, sondern er vereinigt auch die Seele mit Christus wie eine Braut mit ihrem Bräutigam. Aus dieser Ehe folgt, wie Paulus (Epheser 5,30) sagt, dass Christus und die Seele ein Leib werden. Ebenso werden auch beider Güter – Glück, Unglück und alle Dinge – gemeinsam, sodass, was Christus hat, der gläubigen Seele eigen wird, was die Seele hat, Christi eigen wird. Christus hat alle Güter und Seligkeit. Die werden der Seele eigen. Die Seele bringt alle Untugend und Sünde mit sich. Die werden Christus eigen. Hier beginnt nun der fröhliche Wechsel und Tausch: Christus ist Gott und Mensch zugleich. Er hat noch nie gesündigt, und seine Frömmigkeit ist unüberwindlich, ewig und allmächtig. Wenn er sich der gläubigen Seele Sünde durch ihren Brautring, das ist der Glaube, zu eigen macht und so tut, als hätte er sie getan, müssen die Sünden in ihm verschlungen und ersäuft werden. Denn seine unüberwindliche Gerechtigkeit ist stärker als alle Sünden. So wird die Seele von allen ihren Sünden durch ihre Verlobungsgabe, das ist der Glaube, ledig und frei und mit der ewigen Gerechtigkeit ihres Bräutigams Christus ausgestattet.

Martin Luther

Ernst Klimt, Francesca da Rimini und Paolo vor der Hochzeit, um 1890.

Der König und das Bettelmädchen

Es war einmal ein König, der liebte ein bettelarmes Mädchen. Niemand hätte es dem König verwehren können, das Mädchen zu heiraten. Niemand hätte auch nur gewagt, ein Wort dagegen zu sagen – offen oder im Geheimen. Es wäre ihm ein leichtes gewesen, das bettelarme Mädchen in seinen königlichen Stand emporzuheben.

Doch in des Königs Herzen erwachte Sorge, ob das Mädchen wohl dadurch glücklich werde. Er sprach zu niemand von seiner Besorgnis, denn hätte er es getan, dann hätte jedermann am Hofe gesagt: „Eure Majestät erweisen dem Mädchen eine Wohltat, für die sie Eure Majestät ihr Leben lang nicht genug wird danken können." Das hätte nur den Zorn des Königs erregt.

Einsam hegte er den Kummer in seinem Herzen: Ob das Mädchen wohl so frei werden könnte, niemals daran zu denken, was der König vergessen wollte: Dass er der König und sie ein bettelarmes Mädchen gewesen. Denn geschähe dies, was wäre da der Liebe Glück! Dann wäre es besser, wenn sie in ihrem Winkel geblieben, zufrieden in der armen Hütte, aber freien Sinns in ihrer Liebe und frohgemut. Weil der König das Mädchen liebte, gab es für ihn nur einen Weg: Als Bettler dem bettelarmen Mädchen zu begegnen. Dabei dürfte der Bettelmantel kein bloßer Umhang sein, mit dem er sich tarnt, sondern er müsste wirklich Bettler, einer ihresgleichen werden …

Nach Sören Kierkegaard

1. Zum Luther-Text

Martin Luthers Schrift „Von der Freiheit eines Christenmenschen" wurde 1520 verfasst und zählt zu seinen bekanntesten Werken. Programmatisch stellt er hier fest und klar, dass ein Christenmensch durch Christus befreit ist und ihm somit seine innere Freiheit zu verdanken hat. In Fragen des äußerlichen Lebens ist der innerlich befreite Christ nach wie vor dem Dienst am Nächsten verpflichtet und somit jedermanns Knecht.

Unser Textauszug beschreibt anschaulich am Beispiel der Braut-Bräutigam-Metaphorik wie diese Befreiung, die an keine äußeren Voraussetzungen gebunden ist, erfolgt. Gerade indem die Braut mittel- und ansehenslos ist, wird hervorgehoben, dass sie selbst nichts in die Beziehung einzubringen hat und dies auch nicht braucht. Außerdem ist ersichtlich, dass sie keine Ansprüche erheben kann. Umso überraschender und großherziger ist dann die Wendung, in der der Bräutigam – Jesus Christus selbst – alles mit ihr teilt und sogar ihre Sünden sich zu eigen macht.

Für den mittelalterlichen Menschen, der es gewohnt war, Gottes Zuneigung durch Ablässe etc. zu erwirken, war dies ein Novum. Sah er sich bisher einer Vielzahl von gefühlten und tatsächlichen Zwängen gegenüber, zeigte ihm Martin Luther nun die befreiende Botschaft des Glaubens, die ihre Freiheit aufgrund der engen Beziehung zu Gott, nicht aber aufgrund von Leistungen, Werken oder Ansehen entfaltet.

Entscheidend ist der Glaube an Jesus Christus, der hier als Verlobungsgabe bezeichnet wird.

2. Das Bild von Ernst Klimt

Ernst Klimts (1864–1892) Gemälde zeigt ein Brautpaar, das die Welt um sich herum ebenso wie die Zeit vergessen zu haben scheint. Es ist deutlich, dass die Liebenden sich selbst genug sind. Sie haben nicht das Bedürfnis, dies anderen zu demonstrieren oder zu begründen und nehmen nicht einmal die Engel wahr. Deshalb sind sie auch nicht direkt in der Bildmitte verortet, weil es für sie keine Rolle spielt, wer oder was sich um sie herum befindet, solange sie nur einander haben. Der dunkle Baum im Hintergrund könnte symbolisieren, dass die Zukunft nicht so rosig wie die Gegenwart in der Blüte des Lebens werden mag. Doch Klimts Hochzeitspaar genügt der Moment und die erfüllende Gewissheit, dem anderen einzigartig nahe zu stehen und verbunden zu sein. Insofern kann dieses Gemälde sowohl Luthers Braut-Bräutigam-Metaphorik als auch die in Kierkegaards Erzählung vom König intendierte absichtslose und abwägungsfreie Liebesbeziehung veranschaulichen.

3. Der Text vom König und dem Bettelmädchen

Wahre Liebe bedarf keiner äußeren Anreize, da sie sonst nicht frei von Kalkül wäre. Kalkül und Liebe schließen einander aber aus, da Liebe etwas ist, das man nicht „machen" kann. Liebe ist ebenso wie der Glaube (vgl. den Luther-Text) ein Geschenk, für das wir nichts zu tun brauchen, das uns einfach unverdient zuteil wird und uns ganz in seinen Bann zieht, so dass wir alles andere als nebensächlich erachten (vgl. Bild). Wie aber kann ich sicher sein, dass ich um meiner selbst willen geliebt werde? Der König in unserer Erzählung gibt alles auf, was ihn von dem Bettelmädchen unterscheiden könnte. Er selbst will ihr Herz für sich gewinnen.

Dies lässt sich auf unser Verhältnis zu Jesus Christus übertragen. Nicht weil Jesus Christus uns von den Sünden befreien kann, sollen wir uns ihm zuwenden. Die richtige, d.h. aufrichtige und zweckfreie, Abfolge ist eine andere: Wenn wir Jesus Christus lieben, d.h. an ihn glauben, ihn als Zentrum unseres Lebens erfahren, dann erwarten wir nichts anderes als seine Nähe. Diese Verbundenheit geht aber mit der von Luther beschriebenen Sündenvergebung einher, da Jesus uns zu Liebe Mensch geworden ist, sich also auf wirkliche Augenhöhe mit uns begeben hat, so wie der König auch wirklich den Bettelstand angenommen hat. Jesus, der selbst ohne Sünde ist, teilt unser Los als Sünder und ermöglicht uns damit die unverhoffte und unverdiente Teilhabe an seiner Gerechtigkeit.

4. Was Kinder dazu sagen

Frage: „Wann empfinden wir Zuneigung für einen Menschen?"
Junge A (12 Jahre): „Wenn der uns mag. Wenn der sich für mich interessiert. Dann interessiere ich mich auch für den. Dann vertrauen wir uns, also einander."

Frage: „Wie kommt es, dass man einem Menschen Glauben schenkt?"
Junge A: „Wenn man einen besser kennt und gerne hat, glaubt man dem eher. Dann vertraut man ja."
Junge B (13 Jahre): „Das hat auch was mit Charakter zu tun. Wenn sich einer einsetzt, dann kann man dem auch vertrauen, weil der etwas Gutes will. Wenn sich einer mit meinem Freund prügelt, dann gehe ich dazwischen. Ich habe keine Lust, dass der verprügelt wird."
Junge A: „Der Freund ist einem wichtig."

Frage: „Können wir Jesus so begegnen, wie das Bettelmädchen in der Geschichte dem verkleideten König?"
Mädchen (13 Jahre): „Ich bin mir nicht sicher. Wir wissen ja schon so viel von Gott."

5. Vorschläge

Kinder machen schon sehr früh die Erfahrung, nach ihrem äußeren Erscheinungsbild eingeordnet und bewertet zu werden. Markenturnschuhe, aktuelle Sammelbilder, das angesagte Smartphone oder das Auto der Eltern – unzählige Dinge lassen sich aufzählen, die für Kinder als sozialer Platzanweiser fungieren. Umso wichtiger ist es, solche Auswüchse nicht die Oberhand in der kindlichen Gefühlswelt gewinnen zu lassen. Kinder – aber auch Erwachsene – brauchen die Gewissheit, mehr als nur ihr Äußeres, mehr als nur ihre Lebensumstände und ihre Erfolgsbilanz zu sein.

Als Ausgangspunkt für das Unterrichtsgespräch mit Kindern kann ein Kindergeburtstag gewählt werden.

Denkbare Fragen wären:
➢ Nach welchen Gesichtspunkten lädst du Kinder ein?
➢ Warum möchtest du selbst gerne auf einen Kindergeburtstag gehen?
➢ Warum möchtest du ein anderes Mal lieber nicht auf einen Kindergeburtstag gehen?
➢ Spielt es eine Rolle, was dir jemand zum Geburtstag schenkt? Magst du jemanden, der dir etwas Schönes schenkt, lieber?
➢ Könntest du dir vorstellen, einen Bettler zu deiner Geburtstagsfeier einzuladen?

Zur Thematisierung der Liebe zwischen Jesus Christus und dem Gläubigen:
➢ Wie würdest du Liebe beschreiben?
➢ Was haben Liebe und Glauben miteinander zu tun?
➢ Was bewirkt Liebe? Fallen dir Beispiele ein?
➢ Warum ist es Jesus und dem König so wichtig, selbst Gegenstand der Liebe bzw. des Glaubens zu sein?

Wie gehöre ich zur Kirche?

Wie also die Seele unsern ganzen Leib beseelt und belebt, aber im Haupte sowohl durch Sehen als durch Hören, durch Riechen, Schmecken und Fühlen, in den übrigen Gliedern jedoch nur durch Fühlen wahrnehmend tätig ist; wie daher betreffs der Verrichtungen dem Haupte alles unterworfen ist, es selbst aber bestimmend obenan steht – denn das Haupt, an dem ja jeder Sinn erscheint, stellt gewissermaßen die Seele dar, die den Leib bestimmt –, so ist, gleichsam wie für einen Leib, für das ganze Volk der Heiligen das Haupt „der Mittler zwischen Gott und Menschen, der Mensch Christus Jesus" (1. Tim 2,5).

Augustin

Vincent van Gogh, Die Kirche von Auvers, 1890, Musée d'Orsay, Paris.

Es war einmal ein Kloster, für das schwere Zeiten angebrochen waren. Einst ein großer Orden, waren alle seine Bruderhäuser verlorengegangen als Folge der Wogen klosterfeindlicher Verfolgung im 17. und 18. Jahrhundert und der Säkularisation im 19. Jahrhundert. Der Orden war bis zu einem solchen Ausmaß dezimiert worden, dass nur noch fünf Mönche übrigblieben im zerfallenden Mutterhaus: der Abt und vier andere, alle über 70 Jahre alt. Es war klar, dass es eine sterbende Gemeinschaft war.

In den tiefen Wäldern, die das Kloster umgaben, stand eine kleine Hütte, die ein Rabbi von einer nahe gelegenen Stadt gelegentlich als Einsiedelei benutzte. Durch die vielen Jahre des Gebets und der Kontemplation waren die alten Mönche ein wenig hellsehend geworden, so dass sie es immer wahrnehmen konnten, wenn der Rabbi in seiner Eremitage war. „Der Rabbi ist im Wald, der Rabbi ist wieder im Wald", pflegten sie einander zuzuflüstern.

In einer solchen Zeit, als der Abt sich wieder einmal zermarterte über den unabwendbaren Untergang seines Ordens, fiel ihm ein, den Rabbi in seiner Eremitage zu besuchen und ihn zu fragen, ob er möglicherweise einen Rat wüsste, wie das Kloster zu retten sei.

Der Rabbi hieß den Abt in seiner Hütte willkommen. Aber als der Abt den Zweck seines Besuches erklärte, konnte der Rabbi nur mitfühlend ausrufen: „Ich weiß, wie das ist, der Geist hat die Menschen verlassen. Es ist genauso in meiner Stadt. Fast keiner kommt mehr in die Synagoge." So weinten der alte Abt und der alte Rabbi zusammen. Dann lasen sie in der Thora und führten in Ruhe tiefe Gespräche.

Die Zeit kam heran, dass der Abt aufbrechen musste. Sie umarmten sich.

„Es war wunderbar, dass wir uns nach all den Jahren begegnen konnten", sagte der Abt, „aber ich habe noch immer das nicht erreicht, dessentwegen ich hergekommen bin. Gibt es denn gar nichts, das du mir sagen kannst, keinen kleinen Rat, der mir helfen würde, meinen sterbenden Orden zu retten?"

„Nein, es tut mir leid", erwiderte der Rabbi, „ich habe keinen Rat zu geben. Das Einzige, was ich dir sagen kann, ist, dass der Messias einer von euch ist."

Als der Abt zum Kloster zurückkehrte, versammelten sich seine Brüder um ihn und fragten: „Nun, was hat der Rabbi gesagt?"

„Er konnte nicht helfen", antwortete der Abt. „Wir haben nur geweint und zusammen die Thora gelesen. Das Einzige, was er sagte, gerade als ich ihn verließ – es blieb etwas dunkel –, war, dass der Messias einer von uns sei. Ich weiß nicht, was er meinte."

In den Tagen, Wochen und Monaten, die folgten, bedachten die alten Mönche dies und fragten sich, ob es irgendeine Bestätigung für die Worte des Rabbis gebe. Der Messias ist einer von uns? Kann er überhaupt einen von uns Mönchen hier im Kloster gemeint haben? Wenn das der Fall ist, welchen? Glaubst du, er meinte den

Abt? Ja, wenn er irgendeinen meinte, war es vermutlich Vater Abt. Er ist mehr als eine Generation lang unser Führer gewesen. – Andererseits könnte er Bruder Thomas gemeint haben. Sicherlich ist Bruder Thomas ein heiliger Mensch. Jedermann weiß, dass Thomas ein Mann des Lichts ist.

– Sicherlich konnte er nicht Bruder Elred meinen! Elred ist zeitweise schrullenhaft. Aber wenn man es recht bedenkt, auch wenn er ein Ärgernis für die Leute ist, hat Elred eigentlich immer Recht. Oft sehr recht. Kann sein, der Rabbi meinte wirklich Bruder Elred.

– Aber sicher nicht Bruder Phillip. Phillip ist so passiv, ein rechter Niemand. Aber dann, beinahe rätselhaft, hat er die Gabe, irgendwie immer da zu sein, wenn man ihn braucht. Er erscheint wie durch Zauber an deiner Seite. Vielleicht ist Phillip der Messias.

– Natürlich meinte der Rabbi nicht mich. Er konnte keinesfalls mich meinen. Ich bin nur eine gewöhnliche Person. Aber angenommen, er tat es? Angenommen, ich bin der Messias?

O Gott, nicht ich. Ich könnte nicht so viel für Dich bedeuten, nicht wahr?

Wie sie in dieser Art überlegten, begannen die alten Mönche einander mit außerordentlichem Respekt zu behandeln, wegen der entfernten Möglichkeit, dass einer von ihnen der Messias sein könnte. Und auf die noch entferntere Möglichkeit hin, dass jeder der Mönche selbst der Messias sein könnte, begannen sie, sich selbst mit außerordentlichem Respekt zu behandeln.

Weil der Wald, in dem das Kloster lag, so schön war, geschah es noch gelegentlich, dass Leute es besuchten, um auf dem kleinen Rasen zu picknicken, die Wege entlang zu wandern, sogar dann und wann in der baufälligen Klosterkapelle zu meditieren.

Als sie so taten, fühlten sie, ohne sich dessen bewusst zu sein, diese Aura von außerordentlichem Respekt, die nun die fünf alten Mönche zu umgeben begann, die von ihnen auszustrahlen und die Atmosphäre des Ortes zu durchdringen schien. Es war etwas seltsam Anziehendes, ja sogar Bezwingendes daran. Kaum wissend warum, kamen sie immer häufiger wieder zu dem Kloster, um zu picknicken, zu spielen, zu beten. Sie begannen, ihre Freunde mitzubringen, um ihnen diesen besonderen Ort zu zeigen. Und ihre Freunde brachten deren Freunde mit. Dann geschah es, dass einige der Jüngeren, die das Kloster besuchten, anfingen, mehr und mehr mit den alten Mönchen zu sprechen. Nach einiger Zeit fragte einer, ob er sich ihnen anschließen dürfe. Dann ein anderer und noch einer. Innerhalb von ein paar Jahren wurde das Kloster wieder zu einem blühenden Orden und dank des „Geschenks des Rabbis" ein vibrierendes Zentrum des Lichts und der Spiritualität in dieser Gegend.

1. Zum Augustin-Text

Für Augustin waren Christus und die Kirche eine für die Gläubigen notwendige Einheit. Die Innigkeit der Verbindung zwischen Christus und seinen Gliedern veranschaulichte Augustin u.a. durch den Hinweis auf das Geheimnis der Vereinigung von göttlicher und menschlicher Natur in Christus (pecc. mer. 1,60). Haupt und Leib werden als der eine Christus verstanden (vgl. 1. Kor 12,12), so dass Christus und die Kirche ein reales, organisches Ganzes bilden. Die Einheit dieses Ganzen kommt durch Identifikation, nicht durch Identität zustande, so dass die Kirche mittels dieser Identifikation zur Teilnehmerin an der Wahrheit wird (vgl. en. Ps 57,6). Das belebende Prinzip der Einheit ist der Heilige Geist, der die Kirche als Körper Christi bis ins kleinste Glied hinein mit Leben durchflutet (s. 268,2).

Augustin sah in der Kirche Jesu Christi ein „corpus permixtum". Dem wahren Kern der Erwählten sah er eine große Schar von Menschen beigemischt, die zwar körperlich an der Einheit der Kirche teilnähmen, aber letztlich doch durch ihren Lebenswandel abgesondert würden (bapt. 1,14). Augustin verteidigte die Autorität und Heilsnotwendigkeit der katholischen Kirche. Er übernahm Cyprians Auffassung „salus extra ecclesiam non est", d.h. „außerhalb der Kirche gibt es kein Heil" (bapt. 4,24), und stellte klar, dass, wer die Einheit der Kirche verlasse, nicht länger in Christus sein könne, weil er sich selbst von Christi Körper entfernt habe (vgl. z.B. ep. Io. tr. 1,12). Mit größter Selbstverständlichkeit räumt Augustin der Kirche so ihren unentbehrlichen Platz im Leben eines jeden Christen ein, ohne dass sich die wahre Kirche und Jesus Christus, ihr Haupt, durch Menschen vereinnahmen ließen.

2. Das Gemälde von van Gogh

Vincent van Gogh malte dieses Bild in Auvers-sur-Oise. Es zeigt die frühgotische Kirche Notre-Dame-de-l'Assomption mit Blick auf die Chorseite. Viel Raum nimmt der dunkelblaue Himmel ein, dessen Blau sich auch in den Glasfenstern wiederfindet. Himmel und Kirche stehen somit augenscheinlich in Verbindung und gehen hier nahezu ineinander über. Das Kirchengebäude dominiert das Bild. Es kommt dem Maler offensichtlich nicht auf Details oder eine möglichst naturgemäße Wiedergabe des Motivs an. Die Linien sind geschwungen, die Mauern nicht gerade. Wenngleich sich die Kirche als Monument behauptet, scheint sie doch gerade in ihrer ungleichmäßigen Wuchtigkeit lebendig zu sein. Vor ihr befindet sich im unteren Drittel des Bildes ein gegabelter Weg, der links und rechts um die Kirche herum geht. Eine graublau gekleidete Bäuerin bewegt sich auf diesem Weg vom Betrachter weg, vermutlich auf ein Dorf zu, das sich andeutungsweise hinter der Kirche erkennen lässt. Egal, welchen Weg die Frau ursprünglich gewählt hätte, er hätte sie zunächst immer auf die Kirche zugeführt. Frei übertragen ließe sich dies auf den menschlichen Lebensweg. Der Mittelpunkt – unser Haus Gottes bzw. unser Zuhause – bestünde in der Begegnung mit Jesus Christus und seinem Leib, zu dem wir alle zählen. Solange dieser Fixpunkt bewusst und selbstverständlich bleibt, ist er der Ausgangspunkt aller weiteren Wege. Er ist das Zentrum, in dem sich Himmel Erde, Gott und Mensch begegnen und organisch zusammenfinden.

3. Die Parabel „Das Geschenk des Rabbi"

Der Messias ist der Gesalbte Gottes, auf dem alle Heilserwartungen ruhen. Christen erkennen und wissen ihn in Jesus Christus. An dieser Gewissheit und Exklusivität rüttelt auch die Parabel nicht. Es geht nicht darum, Jesus Christus in seiner Bedeutung herabzusetzen oder gar durch andere zu ersetzen, sondern darum, Jesus Christus nachzufolgen, ihm ähnlich zu werden, uns selbst und andere mit seinem liebevollen Blick wahrzunehmen. Indem wir uns dieser Christusähnlichkeit bewusst werden, verändern wir uns auch auf diese hin, nehmen an seiner Liebe teil und geben diese weiter. Christen gewinnen auf diese Weise an Ausstrahlung und dies wirkt sich aus. Eine Kirche, die das Geschenk der Gegenwart Christi dankbar annimmt und wertschätzt, wird lebendig, blüht auf und trägt Früchte.

4. Was Kinder dazu sagen

Von Viertklässlerinnen zusammengestelltes Akrostichon nach einem Kirchenbesuch:

Unterricht in Religion	**K**onfirmation
Nähe	**I**deen
Segen	**R**uhe
Erfahrung	**C**hristus
Respekt	**H**eiliger Geist
Einladung	**E**inheit

5. Vorschläge

Die Schüler sprechen über die Bedeutung des Kopfes im Zusammenspiel mit den übrigen Gliedern ihres Körpers. Fragen können sein:
➤ Was bedeutet es, Jesus mit dem Haupt, d.h. dem Kopf des Körpers, zu vergleichen?
➤ Wie verhalten sich Kopf und Glieder zueinander?
➤ Was könnte die Redewendung „kopflos sein" in diesem Zusammenhang aussagen?
Das Gemälde von Vincent van Gogh und die Parabel „Das Geschenk des Rabbi" können ein Unterrichtsgespräch darüber anregen, wo, wann und warum wir uns Gott ganz nahe fühlen:
➤ Gibt es Orte, an denen wir uns Gott besonders nahe fühlen?
➤ Kann man dieses Gefühl, Gott nahe zu sein, auch mit dem eigenen Körper spüren? Wenn ja, wie fühlt es sich an?
➤ Was ist in 1. Kor 12,12–30 mit den vielen Gliedern und dem einen Leib gemeint? Wie wirkt sich diese Erfahrung auf eine Gemeinschaft – z.B. eine Schulklasse oder eine Kirchengemeinde – aus?

Wer darf von Gott erzählen?

enschenworte und -lehren haben festgesetzt und angeordnet, man solle die Lehre zu beurteilen nur den Bischöfen und Gelehrten und den Konzilen überlassen. Was diese beschlössen, solle alle Welt für recht und für Artikel des Glaubens halten. (…)

Christus setzt genau das Gegenteil fest und nimmt den Bischöfen, Gelehrten und Konzilen beides, Recht und Macht die Lehre zu beurteilen, und gibt sie jedermann und allen Christen insgesamt, wenn er Johannes 10,1ff sagt: „Meine Schafe kennen meine Stimme. Meine Schafe folgen den Fremden nicht, sondern fliehen vor ihnen, denn sie kennen nicht der Fremden Stimme. Wie viele von ihnen gekommen sind, die sind Diebe und Mörder. Aber die Schafe hörten sie nicht." (…)

Weil aber eine christliche Gemeinde nicht ohne Gottes Wort sein soll noch kann, folgt aus dem Vorigen deutlich genug, dass sie dennoch sehr wohl Lehrer und Prediger haben muss, die das Wort verkündigen. (…)

Denn das kann niemand leugnen, dass jeder Christ Gottes Wort hat und von Gott zum Priester gelehrt und gesalbt ist, wie Christus Johannes 6,45 sagt: „Sie werden alle von Gott gelehrt sein", und Psalm 45,8: „Gott hat dich gesalbt mit Freudenöl vor allen deinen Mitgenossen". Diese Mitgenossen sind die Christen, Christi Brüder, die mit ihm zu Priestern geweiht sind, wie auch Petrus 1. Petrus 2,9 sagt: „Ihr seid das königliche Priestertum, dass ihr verkündigen sollt die Wohltaten dessen, der euch berufen hat von der Finsternis zu seinem wunderbaren Licht."

Martin Luther

Rembrandt van Rijn, Betende alte Frau, um 1629/30, Residenzgalerie Salzburg.

Dem Pfarrer einer Stadt im Süddeutschen fiel ein alter, bescheiden wirkender Mann auf, der jeden Mittag die Kirche betrat und sie kurz darauf wieder verließ. Eines Tages fragte er den Alten, was er denn in der Kirche tue. Der antwortete: „Ich gehe hinein, um zu beten." Als der Pfarrer verwundert meinte, er verweile nie lange genug in der Kirche, um wirklich beten zu können, sagte der Besucher: „Ich kann kein langes Gebet sprechen, aber ich komme jeden Tag um zwölf und sage: Jesus, hier ist Johannes."

Eines Tages musste Johannes ins Krankenhaus. Ärzte und Schwestern stellten bald fest, dass er auf die anderen Patienten einen heilsamen Einfluss hatte. Die Nörgler nörgelten weniger, und die Traurigen konnten auch mal lachen. „Johannes", sagten sie, „du bist immer so gelassen und heiter." „Ach", winkte Johannes ab, „dafür kann ich nichts. Das kommt durch meinen Besucher." Doch niemand hatte bei ihm je Besuch gesehen. Er hatte keine Verwandten und auch keine engeren Freunde. „Dein Besucher", fragte eine Schwester, „wann kommt der denn?" „Jeden Mittag um zwölf. Er tritt ein, steht am Fußende meines Bettes und sagt: Johannes, hier ist Jesus."

1. Zum Luther-Text

Für Martin Luther haben alle Menschen, die als getaufte Christen dem „allgemeinen Priestertum aller Gläubigen" angehören, einen unmittelbaren Zugang zu Gott. Diese Auffassung hatte er bereits 1520 in seiner Schrift „An den christlichen Adel" vertreten. Wer in der Bibel Gottes Wort liest, ist in Glaubensfragen auskunftsfähig und braucht niemanden, der zwischen ihm und Gott vermittelt.

Dennoch gibt es auch in der evangelischen Kirche Personen, die z.B. als ordinierte Pfarrer und Pfarrerinnen mit der Wortverkündigung und der Sakramentsverwaltung beauftragt werden. Sie konkretisieren damit gewissermaßen die allen Christen aufgetragene Aufgabe stellvertretend. Während im Katholizismus davon ausgegangen wird, dass der Priester beim Erhalt seines Weihesakraments einen sogenannten „character indelebilis", d.h. ein untilgbares Prägemal, erhält und sich somit von den katholischen Laien unwiderruflich unterscheidet, gibt es solch eine Differenzierung im Protestantismus nicht.

Die Gemeinde soll nach Martin Luther selbst bestimmen, wer eine Lehr- bzw. Predigtaufgabe übernimmt, und dann auch über dessen Amtsausübung urteilen. Sowohl die Ordination als auch der Beruf des Pfarrers müssen dabei theoretisch nicht ein ganzes Leben lang mit der Person verbunden bleiben. Damit eine Gemeinde sich ihre Amtsträger kompetent auswählen kann, braucht man engagierte Christen, die sich selbst ein Bild von ihrem Glauben machen und mit Gott im Gespräch bleiben.

2. Das Rembrandt-Bild

Rembrandts dunkel gehaltenes Gemälde ist auch unter dem Titel „Rembrandts Mutter betend" bekannt. Die alte Frau hat die Augen nahezu geschlossen und ist andächtig in ihr Gebet vertieft. Dabei steht ihr Mund leicht offen, so dass man sich mühelos eine ruhige und leise Zwiesprache mit Gott vorstellen kann. Das faltige Gesicht ist heller gehalten als die übrige Farbgebung, und steht im Fokus der Betrachtung. Kopftuch und Umhang lenken nicht von der innigen Gebetsgeste ab, sondern betonen vielmehr, dass das dunkle Äußere, wozu auch die Kleidung zählt, nicht auf das vertrauensvoll und glaubensstark durchströmte innere Gefühlsleben der Beterin abfärbt. Rembrandts „Betende Alte Frau" wendet sich unmittelbar, d.h. ohne das Vermitteln einer weiteren Person wie z.B. eines Priesters, an Gott und strahlt dabei eine trotz der dargestellten physischen Vergänglichkeit zeitlose Stimmigkeit aus. Die Frau besitzt auf den ersten Blick nichts, um das man sie beneiden könnte. Ihr fehlen vielmehr Jugend, Schönheit, Attraktivität und etwa durch Schmuck zur Schau gestellter Wohlstand. Dennoch besitzt sie etwas sehr Kostbares, das ihr auch das Alter nicht genommen hat und das durch kein Geld der Welt zu erwerben ist, nämlich ihren Glauben.

3. Der Zwölf-Uhr-mittags-Text

Die Geschichte unterstreicht, dass die individuelle Beziehung zu Jesus Christus nicht normiert zu sein braucht. So gibt es auch nicht das „eine" richtige Gebet. Entscheidend ist die aufrichtige Zuwendung, mit der wir es bzw. uns selbst an Jesus Christus richten.

Können Gebete wirklich etwas bewirken? Unser Text legt dies nahe. Johannes lebt aus der kontinuierlichen Begegnung mit Jesus Christus heraus, wird durch diese gestärkt und kann das, was ihm so positiv zu Teil wird, auch an andere weitergeben.

Der Text „Zwölf Uhr mittags" zeigt, wie wohltuend es ist, Jesus Christus einen Platz und gegebenenfalls auch eine feste Zeit im eigenen Leben einzuräumen. Wie, wann und wo das der Fall sein mag, kann bei jedem anders sein.

4. Was Kinder dazu sagen

Frage: „Wer darf von Gott erzählen?"
Mädchen A (13 Jahre): „Das kann relativ jeder. Weil jeder, also jeder Mensch, hat ein Recht darauf, mit Jesus zu sprechen, auch vor anderen über Jesus."
Mädchen B (12 Jahre): „Ich sehe das genauso. Die, die freiwillig in die Kirche gehen, die können dann ja auch etwas lernen und auch davon erzählen, was die so erfahren haben."

Frage: „Worauf kam es bei Johannes in der Geschichte an?"
Mädchen A: „Dass er halt nicht lange Sachen sagt, dafür aber kurze und dafür halt jeden Tag dahin geht. Und dann, als er im Krankenhaus lag, ist ja dann Jesus zu ihm gekommen."
Mädchen B: „Es ist entscheidend, dass es passt."
Mädchen A: „Weil Jesus Leuten helfen kann, also seelisch und körperlich. (...) Kraft und Energie und Liebe spürt man dann. Nicht nur der Johannes."
Mädchen B: „Das kann auch jeder wie der Johannes."

5. Vorschläge

Folgende Fragen können als Gesprächseinstieg zum Thema „Wer darf von Gott erzählen?" dienen:

- ➤ Wo kann man beten?
- ➤ Wie kann man beten?
- ➤ Darf man beim Beten auch noch etwas anderes tun, z.B. Spazierengehen?
- ➤ Warum wird im Gottesdienst gebetet?
- ➤ Haben der Pfarrer / die Pfarrerin und die Gottesdienstbesucher die gleichen Aufgaben?

- ➢ Wem möchtest du selbst gerne von Gott erzählen?
- ➢ Hast du schon einmal jemandem von Gott erzählt?
- ➢ Was würdest du selbst Gott gerne erzählen?
- ➢ Welche Rolle spielen Gefühle wie Traurigkeit und Dankbarkeit beim Beten?

Wozu brauche ich Jesus Christus?

Das aber kann nicht geschehen, wenn nicht jemand [bei] Gott für die Sünde des Menschen etwas einlöst, das größer ist als alles, was außerhalb von Gott existiert. […] Jener, der von sich her etwas geben kann, das alles außerhalb von Gott überragt, muss notwendig auch größer sein als alles Nichtgöttliche. […] Nichts aber ist über allem Nichtgöttlichen außer Gott. […] Also kann niemand außer Gott [selbst] diese Genugtuung leisten.

[…] Es darf sie aber niemand leisten außer dem Menschen. […] Wenn also, wie es feststeht, notwendigerweise durch Menschen jene obere Stadt vollendet werden muss, das aber nicht ohne die genannte Genugtuung geschehen kann, die niemand außer Gott leisten kann und niemand außer dem Menschen leisten darf: so ist es nötig, dass sie ein Gott-Mensch leiste.

Anselm von Canterbury

Caspar David Friedrich, Kreuz vor Regenbogen im Gebirge, 1818, Staatliches Kupferstichkabinett, Dresden, © akg-images.

Oh du fröhliche

O du fröhliche, o du selige,
gnadenbringende Weihnachtszeit!
Welt ging verloren, Christ ist geboren:
Freue, freue dich, o Christenheit!

O du fröhliche, o du selige,
gnadenbringende Weihnachtszeit!
Christ ist erschienen, uns zu versühnen:
Freue, freue dich, o Christenheit!

O du fröhliche, o du selige,
gnadenbringende Weihnachtszeit!
Himmlische Heere jauchzen Dir Ehre:
Freue, freue dich, o Christenheit!

1. Zum Anselm-Text

Kein anderes Zeichen versinnbildlicht das Wesen des Christentum so sehr wie das Kreuz, und kein anderes wirft so viele Fragen auf. Warum lässt Gott Jesus Christus, seinen eigenen Sohn, am Kreuz sterben? Zugleich gibt das Kreuz die Antwort, wofür wir Jesus Christus brauchen.

Die Einsicht in die Notwendigkeit hierzu beruht auf Denkvoraussetzungen, die uns heute – anders als zu Anselms Zeiten – weder geläufig noch unmittelbar einsichtig sind. Als Erstes bedarf es der Erkenntnis, dass alle Menschen auf Erlösung durch Gott angewiesen sind. Da die Sünde zwischen Gott und den Menschen steht, ist Sühne erforderlich, weil eine Versöhnung ohne Sühne mit Gottes Gerechtigkeit unvereinbar wäre. Menschen selbst sind jedoch aufgrund ihrer Sündigkeit zu dieser Sühne nicht fähig. Allein Gott vermag diese Sühne zu leisten, doch sie ist und bleibt Aufgabe des Menschen, der Gott Genugtuung schuldet. Aus dieser Problemkonstellation erfolgt Anselms Lösungsexplikation, dass derjenige, der die Sühne leistet, Gott und Mensch zugleich sein muss, da nur Gott es kann und nur der Mensch es tun muss. Hierin liegt die Antwort auf Anselms Frage „Cur deus homo?", also „Warum Gott Mensch geworden ist". Wir Menschen brauchen demnach Jesus Christus, um der Erlösung teilhaftig zu werden. Jesus hat restlos für die Schuld der Menschen bezahlt und die Versöhnung bewirkt. Das Christentum ist eine Erlösungsreligion und das Kreuz ihr Zeichen.

2. Das Bild von Caspar David Friedrich

Caspar David Friedrichs (1774–1840) Gemälde „Kreuz vor Regenbogen im Gebirge" (1818) verbindet christozentrische Frömmigkeit mit Naturerleben, das sich hier voller christlicher Symbole zeigt, wie etwa dem Felsen als Sinnbild des Glaubens, dem Regenbogen als Zeichen des Bundes und natürlich dem Kreuz als sinnstiftendem Zentrum der christlichen Hoffnung. Die Natur spricht uns unmittelbar in unseren religiösen Gefühlen an, aber das Eigentliche, nämlich die Erlösung, vermag uns nur Jesus Christus selbst zuzusprechen. In der Naturbetrachtung begreifen wir, dass es Gott gibt, in der Kontemplation der Heilstat Jesu Christi werden wir erfasst von dem, wer dieser Gott, der in unsere Welt kommt, für uns ist.

3. Das Weihnachtslied

„O du fröhliche" zählt zu den bekanntesten Weihnachtsliedern und dürfte jedem Kind zumindest von der Melodie her bekannt sein. Johannes Daniel Falk (1768–1826) hat die erste Strophe verfasst und sein Gehilfe Heinrich Holzschuher (1798–1847) die heute üblichen weiteren zwei Strophen umformuliert. „Welt ging verloren" und „Christ ist erschienen, uns zu versöhnen" bündeln die Kernaussagen des Christentums wie unter einem Brennglas und eignen sich, um Kindern diese im Unterrichtsgespräch verständlich zu machen.

Ergänzend kann der folgende, Franz von Assisi (1182–1226) zugeschriebene Ausspruch herangezogen werden: „Der Weg zu Gott kann niemals am Menschen vorbeiführen." Dieses Diktum schlägt eine denkbare Brücke zum Anselm-Text.

Die Kinder lernen zu erkennen, dass es einen (für uns!) guten Grund hat, dass Jesus Mensch geworden ist. Denn: An Weihnachten wird Gott selbst Mensch und weist uns durch sich selbst den Weg zu sich.

4. Was Kinder dazu sagen

Frage: „Können wir auch Gott gegenüber schuldig werden?"
Junge A (8 Jahre): „Wenn wir seinen Namen missbrauchen, das alles, was in den Zehn Geboten steht, und ja, wir sollen auch nicht morden, wir sollen nicht stehlen, wir sollen seinen Namen nicht missbrauchen, nämlich das ist sehr schlimm für ihn, und den auch selber nicht beleidigen."

Frage: „Was ist Sünde?"
Junge B (9 Jahre): „Was Verbotenes."

Frage: „Was bedeutet: ‚Welt ging verloren, Christ ist geboren'"?
Mädchen A (9 Jahre): „Wenn es Krieg gibt."
Junge B: „Das ist ganz schwer. Weil die Welt immer am Ort bleibt."
Junge C (9 Jahre): „Dass nicht die Welt von Weihnachten verlorengeht, sondern die andere Welt. Die Weihnachtswelt bleibt übrig."

Frage: „Warum ist Jesus auf die Welt gekommen?"
Mädchen A: „Jesus hilft den armen Menschen."
Mädchen B (9 Jahre): „Er tut Gutes."
Junge B: „Um Frieden zu stiften. Wenn wir Streit haben."
Junge C: „Ohne Jesus streiten sich alle nur. Da fehlt der Frieden, mit den Menschen, mit den Tieren."
Mädchen A: „Jesus bringt uns wieder zusammen. Der tut uns Gutes."
Mädchen B: „Der bringt uns Glück."

Frage: „Wozu brauche ich Jesus Christus?"
Junge D (13 Jahre): „Ohne Jesus gäbe es nicht so viele Feiertage."
Junge E (13 Jahre): „Jesus symbolisiert quasi den christlichen Glauben, auch für Katholische und Evangelische, und ohne ihn würde halt ein ganzes Stück fehlen an dem Glauben."
Junge D: „Jesus wurde gekreuzigt. Er konnte auferstehen."
Junge E: „Jesus hatte übernatürliche Kräfte. Er konnte über Wasser laufen (Pause). Sünden vergeben."

5. Vorschläge

„Wozu brauche ich Jesus Christus?" Eine Annäherung an diese Frage sollte nicht rein kognitiv erfolgen, sondern Kopf, Herz und Hand einbeziehen.

Mit Hilfe des Anselm-Textes und den sicher notwendigen Begriffserläuterungen durch den Lehrenden wird die Verstandesebene angesprochen. Da der Schwierigkeitsgrad selbst für Erwachsene hoch ist, kann nicht von der direkten Nachvollziehbarkeit der Ausführungen ausgegangen werden. Jedoch wird ein erster Eindruck bereits mehr sein, als viele Menschen heute überhaupt ihr eigen nennen können.

Das Weihnachtslied sollte nach Möglichkeit mit Instrumentalbegleitung und in feierlichem Rahmen (Kerzen, Weihnachtsdekoration) gesungen werden. Anschließend tauschen sich die Schüler und Schülerinnen darüber aus, welche Gefühle das Lied bei ihnen hervorruft.

Dieser emotionale Zugang kann in die Betrachtung des Kreuzes und eine kreative, handwerkliche Umsetzung münden. Die Kinder erhalten den Auftrag, ein Bild von ihrer ungeschönten, alltäglichen Welt zu malen. Anschließend erhalten sie dünne Holzleisten, die sie zurechtsägen und zu einem Kreuz zusammenkleben sollen. Dieses Kreuz kleben sie nun auf das Bild ihrer Welt. Am Ende der Einheit wird das Franz von Assisi zugeschriebene Votum diskutiert: „Der Weg zu Gott kann niemals am Menschen vorbeiführen."

*K*ommt etwas nach dem Tod?

Vor Gott geht kein irdischer Stoff verloren, aus welchem das Fleisch des Sterblichen geschaffen ist. Welches auch immer der Staub oder die Asche sein mögen, in die (der Stoff) aufgelöst wurde, mag er in alle Winde zerstreut, in die Substanz anderer Körper oder auch in die Grundstoffe verwandelt worden sein, welches auch immer die Tiere oder selbst die Menschen sein mögen, denen er als Speise gedient und in deren Fleisch er umgewandelt worden ist, in einem festgesetzten Zeitpunkt kehrt er zu der Menschenseele zurück, die ihn zuerst beseelt hatte, dass er Mensch werden und leben und wachsen konnte.

Dieser irdische Stoff, der zum Leichnam wird, wenn die Seele entweicht, kehrt zwar zu dem Leibe zurück, von dem aus er verstreut worden ist. Er wird aber bei der Auferstehung nicht in der Weise wiederhergestellt werden, dass das, was verstreut war und sich in je verschiedene Gestalten und Formen der verschiedensten Dinge gewandelt hatte, nun zu genau demselben Teil des Körpers zurückkehren muss, zu dem es gehört hatte. Denn wenn die Haare, die bei dem häufigen Haarschnitt entfernt wurden, und auch die so oft abgeschnittenen Nägel ihren Platz wieder einnehmen müssten, dann würden jene, die maßlos und ungehörig denken, und

die deshalb an die Auferstehung des Fleisches nicht glauben, sich mit Recht an dieser Missgestalt stoßen. Es verhält sich damit eher wie mit einem Standbild aus irgendeinem lösbaren Metall, das im Feuer geschmolzen oder zu Staub zerstoßen oder zu einer (unförmlichen) Masse zusammengeschlagen wurde, und das jetzt ein Künstler aus derselben Stoffmasse wiederherstellen möchte. Dabei wäre es für die Vollständigkeit (des Standbildes) völlig unerheblich, welcher Stoffteil einem bestimmten Glied des Standbildes zugeteilt würde, wenn nur bei der Wiederherstellung die gesamte Stoffmasse wiederverwendet würde, aus der es bestanden hatte. Das gilt auch für Gott, den wunderbaren und unsagbaren Künstler. (…) Die Leiber der Auferstehenden werden also ohne jeden Makel und ohne jede Unförmlichkeit, wie auch ohne jede Verderblichkeit und Schwere und Hemmung auferstehen. Ihre Schwerelosigkeit wird ihrer Glückseligkeit entsprechen. Deshalb werden die Körper auch geistige (Körper) genannt, obschon sie ohne Zweifel Körper und nicht Geister sein werden. Denn wie jetzt der Körper beseelt genannt wird, obschon er Körper ist und nicht Seele, so wird er dann ein geistiger Körper sein, immer aber Körper und nicht Geist.

Augustin

Giovanni di Paolo di Grazia, Das jüngste Gericht, Detail der Predella mit Darstellung der Paradiesgeschichte 1460–1465. © Domingie & Rabatti – La Collection – ARTOTHEK.

Zwei Mönche unterhielten sich auf ihren Spaziergängen wieder und wieder über den Tod.

Wie würde es sein bei Gott? Sie malten sich alles genau aus. Manchmal dachten sie, sie sähen den Himmel bereits vor sich. Dann wieder hatten sie Zweifel. Was wäre, wenn ihre Bilder völlig falsch wären?

So beschlossen sie eines Abends: Wer zuerst stirbt, soll in der Nacht nach seinem Tod dem andern erscheinen und nur ein einziges Wort sagen: „Taliter: es ist so" oder „Aliter: es ist anders".

Kurz darauf stirbt einer der beiden. In der Nacht erscheint er, wie abgemacht, seinem Freund.

„Taliter?" fragt der ihn. Er schüttelt den Kopf. „Aliter?" fragt der Freund ängstlich. Wieder schüttelt der andere den Kopf und sagt ganz leise mit einem feinen Lächeln: „Totaliter aliter: es ist vollkommen anders."

1. Zum Augustin-Text

Augustin setzte sich in unserem Textauszug mit der körperlichen Auferstehung auseinander. Die Frage lautet: Wie haben wir uns diese vorzustellen?

Das sichtbare Fleisch war für Augustin nicht von der Auferstehung ausgenommen, sondern sollte in einen veränderten und besseren Zustand überführt werden. Dabei würde kein Bestandteil des menschlichen Leibes verloren gehen, egal auf welche Art und Weise dieser vom Körper getrennt worden sei. Für die Wiederherstellung des Leibes wäre dann die Stoffmasse als Ganze und nicht ihre einzelnen Teile und deren einstige irdische Aufgabe oder Beschaffenheit entscheidend. Gott werde in der Auferstehung makellose materielle Körper schaffen, die aufgrund ihrer Glückseligkeit auch geistige Körper genannt werden. Wenngleich bei Paulus die Rede davon ist, dass der verstorbene Körper zu einem geistlichen Leib werde (1. Kor 15,44), wollte Augustin den auferstandenen Körper nicht als rein geistliche Natur verstanden wissen (vgl. ep. 147.50f). Entscheidend für die Veränderung des Körpers ist die „pax perfecta", der perfekte Friede, der sich erst dann einstellt, wenn der Mensch von seiner irdischen Umtriebigkeit und Unruhe befreit ist (vgl. s. 242.11). Ewigen Frieden und Glückseligkeit findet der Mensch nur bei Gott, seinem Schöpfer. So heißt es denn auch in Augustins weltberühmten „Bekenntnissen": „Denn zu dir hin hast du uns geschaffen und unruhig ist unser Herz, bis es ruht in dir" (conf. 1,1).

Eine konkrete Antwort darauf, wie wir uns die Auferstehung und das ewige Leben vorzustellen haben, erhalten wir nicht. Dafür aber eine hoffungsvolle Zuversicht, die sich an den geduldigen Glauben wendet. Zur Erläuterung, warum wir uns kein klares Bild von dieser Hoffnung machen können, griff Augustin auf Röm 8,24 zurück: „Denn wir sind zwar gerettet, doch auf Hoffnung. Die Hoffnung aber, die man sieht, ist nicht Hoffnung; denn wie kann man auf das hoffen, was man sieht?" (vgl. ciu. 19,4).

2. Das Bild von Giovanni di Paolo di Grazia

Der Bildausschnitt der „Erwählten" wurde im 15. Jahrhundert von dem Sienenser Künstler Giovianni di Paolo gemalt. Wir sehen eine harmonische, paradiesische Situation, in der nicht nur Männer und Frauen, sondern auch am Heiligenschein erkennbare Engel sowie Kinder, deren Unschuld durch das Symbol der Lilie betont wird, abgebildet sind.

Entsprechend der Entstehungszeit weist das Gemälde eine deutliche Überzahl kirchlicher Personen, wie etwa Bischöfe, Mönche oder Nonnen, auf. Zwar wird die Lebenswelt heutiger Schüler/innen in der Regel nicht mehr von Geistlichen geprägt sein, aber das Bild bringt auch etwas Anderes, Wesentliches zum Ausdruck: Die Hoffnung auf ein friedliches und liebevolles Miteinander im Reich Gottes. Leid, Krankheiten, Traurigkeit, Einsamkeit und Not finden sich nicht mehr. Hier – wie auch im Quellentext – geht es um die immerwährende Glückseligkeit, die ein ausstehendes und nur von Gott zu erhaltendes Gut ist. Gerade dies steht im Kontrast zu vielen innerweltlichen Missständen, die Schüler/innen durchaus bewusst sind. In diesem Sinne nährt und fördert das Bild die Hoffnung auf ein „totaliter aliter" hinsichtlich des ewigen Lebens bei Gott.

3. Die mittelalterliche Erzählung

„Wenn du es begriffen hast, ist es nicht Gott" (s. 117.5) gab Augustin in einer seiner Predigten zu bedenken. Genau dies erfahren auch die beiden Mönche in der mittelalterlichen Erzählung. All unsere Vorstellungen davon, wie es bei Gott bzw. im Himmel wohl sein möge, bleiben Stückwerk und oftmals auch Wunschdenken, weil wir die Rechnung ohne Gott machen, der das letzte Wort haben wird. Unserer Erkenntnis sind Grenzen gesetzt, nämlich die Grenzen jeglicher irdischen Einsicht. „Wir sehen jetzt durch einen Spiegel ein dunkles Bild; dann aber von Angesicht zu Angesicht. Jetzt erkenne ich stückweise; dann aber werde ich erkennen, wie ich erkannt bin." (1. Kor 13,12)

4. Was Kinder dazu sagen

Das folgende Bild zeigt, wie Kontinuität und Glückseligkeit mit Gott als Schöpfer und Erhalter über den Tod hinaus zum Ausdruck gebracht werden können, und bedient sich dabei der unmittelbar tröstenden Metapher des liebevollen Getragenseins.

Mädchen (9 Jahre): „Ich habe gemalt, dass Gott uns Menschen immer in der Hand hält, unsere Auferstehung und die Erde."

Mädchen (9 Jahre)

5. Vorschläge

Die Auseinandersetzung mit dem, was nach dem Tod kommen könnte, ist ein komplexes und auch Angst besetztes Thema. Wichtige theologische Aspekte wie der Gerichtsgedanke, der Unterschied zwischen Erwählung und Verwerfung, die Ganztodtheorie etc. werden bewusst nicht thematisiert. Angestrebt wird eine seelsorgliche Annäherung, die Beklemmungen abbaut und Hoffnung ermöglicht.

Die Bestattungsworte „Von Erde bist du genommen. Zu Erde sollst du wieder werden. Jesus Christus wird dich auferwecken am Jüngsten Tage" sollen als Trost und Zuversicht spendend erfahren werden.

Trotz der Thematisierung einer körperlichen Auferstehung ist davor zu warnen, Gewissheit zu suggerieren, wo es keine geben kann. Sicher benannt werden kann hingegen das Ziel eines christlichen Lebens: die sorgenfreie und liebevolle Nähe Gottes.

Gestaltungsvorschlag
Material: Erde, Wasser, Pappteller, große Plätzchenausstecher mit menschlicher Kontur, grüne, schwarze und gelbe Servietten, elektrische Teelichter.

Der/die Lehrende stellt vor Unterrichtsbeginn pro Tischgruppe einen „Menschen" aus feuchter Erde her, der auf einem Pappteller liegt und unter dem sich als Zeichen für das Leben eine grüne Serviette befindet. Wenn der Unterricht beginnt und die Kinder den „Menschen" anschauen, wird erklärt, dass Adam, der erste Mensch, seinen Namen von „adamah", der Erde bzw. dem Ackerboden erhalten hat. Die Schüler/innen denken sich einen Lebensweg ihres „Menschen" aus und variieren seine Erscheinungsform dementsprechend (z.B. hält er sich wegen Rückenschmerzen leicht gekrümmt). Am Ende wird der Mensch als Zeichen seines Todes von der Lehrperson langsam und wertschätzend mit einer dunklen Serviette bedeckt und glattgestrichen. Die Lehrerperson kann durch Musik oder Taizé-Gesänge auf den nächsten Schritt einstimmen. Bei jeder Tischgruppe entfernt sie die dunkle Serviette. Die glattgestrichene Erde bringt sie mithilfe der Plätzchenausstecher in die bestmögliche Form. Dann schaltet sie ein elektrisches Teelicht an, legt dieses auf den Teller neben den neugeformten „Menschen" und deckt das Ganze mit der obersten, dünnen Lage einer hellen Serviette ab, so dass sie nur noch als strahlende Kontur zu sehen ist.

Am Ende der Stunde sprechen die Schüler/innen darüber, wie sie selbst die Bestattungsworte „Von Erde bist du genommen. Zu Erde sollst du wieder werden. Jesus Christus wird dich auferwecken am Jüngsten Tage" verstehen.

Wer hilft mir im Jüngsten Gericht?

Deshalb so beschließt er und spricht: „Wer an ihn glaubt, der wird nicht gerichtet", setzt noch einmal die Beteuerung und spricht: Der Gläubige ist durch Christus schon aus dem Gericht, das bereits vorhanden ist, denn alle Menschen sind gerichtet und stecken im Gefängnis, sollen ewiglich verdammt werden, aber der Sohn Gottes ist gegeben, dass er uns aus dem Gericht erlöse. Wenngleich der Teufel und dein Gewissen noch so böse wären, ist dennoch diese Lehre und Trost gewiss, wenn allein dein Glaube rechtschaffen ist. Und du darfst dich dann nicht fürchten, dass Christus am Jüngsten Tage zu dir sagen würde: Gehe hin in die ewige Verdammnis, sondern spricht: „Kommt her, ihr Gesegneten meines Vaters." Wenn wir das mit in unserem Herz fassen könnten. Welch eine Freude würden wir drinnen anrichten, dass man das Jüngste Gericht nicht fürchten würde.

Martin Luther

William Holman Hunt (1827–1910), Licht der Welt (Light of the World), Keble College, Oxford, UK/ By Kind Permission of the Warden and Fellows of Keble College, Oxford / Bridgeman Images.

Der überlistete Advokat

Einst war ein Mann wegen eines Vergehens vor das Gericht gefordert und sah wohl ein, dass er ohne eine Geldstrafe nicht davonkommen würde. Da klagte er einem Fürsprecher oder Advokaten seine Not und bat ihn um guten Rat. Dieser sagte: „Ich will dir versprechen, dass du ohne alle Kosten aus der Sache gezogen wirst, sofern du mir für meine Mühe vier Gulden als Lohn geben willst." Der Mann war es zufrieden und sagte ihm die vier Gulden zu, wenn er ihm aus der Klemme heraushelfen wollte.

Da gab ihm der Fürsprecher den Rat, wenn er mit ihm vor Gericht käme so sollte er, wie viel man ihn auch fragte, keine andere Antwort geben als das einzige Wörtchen „Blä". Als sie nun vor Gericht kamen, wurde der Mann hart verklagt und stark beschuldigt. Aber man konnte aus ihm kein anderes Wort herausbringen als „Blä". Da lachten die Gerichtsherrn laut auf und fragten seinen Fürsprecher: „Was wollt Ihr denn in seinem Namen antworten?" Der Fürsprecher sagte: „Ich kann nichts für ihn reden, denn er ist ein Narr und kann mir auch nicht sagen, was ich reden soll. Es ist nichts mit ihm anzufangen, er sollte billig freigesprochen werden." Also gingen die Herren zu Rate und beschlossen, ihn ledig zu lassen. So geschah es denn auch.

Nun aber verlangte der Fürsprecher von seinem Schützling die vier Gulden. Aber der sprach: „Blä!" Da sagte der Fürsprecher: „Du wirst mir doch nicht das abbläen, ich will mein Geld haben", und entbot ihn vor das Gericht.

Und als die beiden wieder vor dem Richter standen, sagte der Verklagte wiederum nichts weiter als „Blä." Da sprachen die Gerichtsherren zu dem Fürsprecher: „Was macht Ihr mit dem Narren? Wisst Ihr nicht, dass er nicht reden kann?" Also musste der Advokat mit leeren Händen abziehen und das Wort „Blä" als Entgelt für seine vier Gulden zum Lohne nehmen – und so traf wieder einmal Untreue den eigenen Herrn.

Verfasser unbekannt

1. Zum Luther-Text

Als jungen Mönch quälten Martin Luther schwere Ängste. Er fürchtete sich vor dem Tod und dem damit verbundenen Jüngsten Gericht, bei dem er sich Gottes Zorn ausgesetzt sah. Mit seiner später sogenannten reformatorischen Erkenntnis verlor er dann diese Angst vor Gott, Hölle und der ewigen Verdammnis. Die existentielle Fragen „Wie bekomme ich einen gnädigen Gott? Wie werde ich vor Gott gerecht?" wollte er fortan nicht mehr länger mit guten Werken, Ablässen und frommer Aufopferung beantworten. Martin Luther erkannte vielmehr, dass allein Gottes Gnade und der Glaube den Menschen gerecht machen, also freisprechen wird, so dass er den Tod nicht fürchten muss. Jesus Christus selbst ist es, der uns das Bestehen im Gericht garantiert. An uns Menschen liegt es allerdings, Gottes Angebot, sein Gnadengeschenk, zu ergreifen, indem wir an ihn glauben. Darauf verweist auch die Tür im dem Gemälde von Holman Hunt, die wir selbst zu öffnen haben.

Heute spielt das „Jüngste Gericht" kaum noch eine Rolle innerhalb der kirchlichen Verkündigung. Am biblischen Befund ändert dies jedoch nichts, und es gehört zur Gewissenhaftigkeit der Theologie, auch auf dieses Thema zu sprechen zu kommen.

Wann aber wird der Jüngste Tag sein? Widersprüchlich wirkt es zunächst, dass Luther den Jüngsten Tag sowohl am Ende der Geschichte als auch nach dem Tod jedes Einzelnen erwartet. Gehen wir aber mit Luther davon aus, dass unsere Zeitvorstellungen sich nicht auf Gottes Ewigkeit übertragen lassen, dann kann der Jüngste Tag sowohl am Ende der Tage als auch am Ende des eigenen Lebens liegen. Entscheidend ist nicht der Zeitpunkt, sondern der Ausgang des Jüngsten Gerichts: Wer an Jesus Christus glaubt, hat nichts zu fürchten.

2. Das Gemälde von Holman Hunt

Das Gemälde „The Light of the World" wurde 1853 von William Holman Hunt (1827–1910) angefertigt und befindet sich heute in der Kapelle des Keble Colleges in Oxford. Die Bildunterschrift zitiert einen Bibelvers aus Offenbarung 3,20: „Sieh, ich stehe vor der Tür und klopfe an. Wenn jemand meine Stimme hören wird und die Tür auftun, zu dem werde ich hineingehen und das Abendmahl mit ihm halten und er mit mir."

Die von Jesus gehaltene Laterne steht für das Gewissen des Menschen und der Schein um seinen Kopf für das Licht der Erlösung. Die Tür, vor der Jesus steht, stellt die menschliche Seele dar. An der Tür befindet sich kein Griff oder ähnliches. Sie muss also von innen, vom Menschen selbst geöffnet werden. Dem Anschein nach wurde diese schon zugewachsene Tür noch nie aufgemacht. Nun ist es Jesus Christus selbst, der um Einlass bittet.

Am Himmel leuchtet der Morgenstern. Ein neuer herbstlicher Tag – die Blätter und die am Boden liegenden Früchte verweisen auf den Herbst des Lebens – bricht an. Mit Jesus Christus steht dem, der an ihn glaubt, ein neues Leben bei und mit Gott offen.

3. Die Anekdote vom überlisteten Advokaten

Während das bei Luther und Holman Hunt dargestellte Verhältnis zwischen Jesus Christus, der für uns eintritt und uns aus dem Gericht erlöst, und denen, die an ihn glauben, ein unbedingt vertrauensvolles ist, erntet der überlistete Adokat die Unehrlichkeit, die er selbst gefördert bzw. gesät hat. Der Anwalt weiß um die Schuld seines Mandanten. Sie spielt für ihn dennoch keine Rolle, ihn interessiert schließlich nur sein eigener Gewinn. Erst als er selbst den Nachteil hat, möchte er sich auf jenes Recht berufen, das er zuvor mit Füßen getreten hat, und scheitert dann dank seiner eigenen Raffinesse.

Wer sich auf Jesus als seinen Anwalt verlässt, der macht keine krummen Touren, der stellt sich seiner eigenen Schuld und weiß zugleich, dass er ein gnädiges, gütiges Urteil zu erwarten hat, da Jesus selbst die Schuld für ihn beglichen hat. Die Redewendung „ehrlich währt am längsten" bekommt im Blick auf das Jüngste Gericht eine ganz besondere, nämlich eine auf die Ewigkeit hin ausgedehnte Bedeutung. Der Mensch bleibt Sünder, ist aber durch Gottes Gnade gerechtfertigt. Martin Luther und auch Holman Hunt machen deutlich: Wir müssen nichts anderes tun, als – durch das Geschenk des Glaubens hierzu befähigt – Christus die Tür unseres Herzens zu öffnen, um dem Jüngsten Gericht frei von Angst entgegensehen zu können.

4. Was Kinder dazu sagen

Frage: „An was denkt ihr, wenn ihr die Geschichte vom überlisteten Advokaten hört?"
Junge A (12 Jahre): „Die Geschichte ist wie bei dem Sprichwort: ‚Wer anderen eine Grube gräbt, fällt selbst hinein.'"
Junge B (12 Jahre): „Ich denke, dass man dem nicht trauen kann. Dem geht es nur um sich. Dem ist egal, ob der Mann ein Verbrecher ist, also was Schlimmes getan hat. Der will nur seinen Vorteil."

Frage: „Martin Luther erklärt, wie Jesus uns im Jüngsten Gericht hilft. Wie tritt Jesus für uns ein?"
Junge A: „Jesus würde als Anwalt die Wahrheit sagen. Er mag die, für die er sich einsetzt."
Junge B: „Jesus will keinen Lohn. Er will nicht, dass wir am Ende dumm da stehen."
Junge A: „Jesus will keine Gegenleistung. Er tritt so für uns ein. Er ist aber auch für gerechte Strafen. Deshalb gibt er gute Ratschläge. Er ist ehrlich."
Junge B: „Das will er auch von uns."

5. Vorschläge

Das Jüngste Gericht ist noch nicht unbedingt etwas, was Kinder unmittelbar interessiert. Dennoch haben sie eine Ahnung, wie sich die damit verbundenen Befürchtungen anfühlen.

Kinder und Jugendliche kennen die Angst vor dem Ungewissen, die Angst, nach Kriterien beurteilt zu werden, die sie entweder gar nicht kennen oder denen sie nicht zu genügen befürchten. Da liegt die Versuchung nahe, sich zu verstellen und sich so zu geben, dass man vermeintlich am besten davonkommt, ähnlich wie es in unserer Anekdote der Fall ist. Nur wohl und gut fühlt man sich damit nicht.

Besonders beim Wechsel von der Grundschule in die weiterführenden Schulformen sehen Kinder sich mit vielen Sorgen konfrontiert. Wird man mich mögen? Werde ich Freunde finden? Was ist, wenn ich nicht gut genug bin? Wer hat mich lieb, wenn ich scheitere?

Die Schüler/innen sollen anhand der Bibel Worte Jesu heraussuchen, die ihnen jetzt, in Zukunft und auch ggf. später einmal, am Ende ihres Lebens, als Ermutigung, als Trost und als Wegweiser dienen können.

Zwecks Ergebnissicherung erhalten sie alle eine auf Pappe geklebte Spiegelfolie, die in Herzform ausgeschnitten und mit einer Aufhängschnur versehen ist. Der Lehrende erläutert, dass wir uns immer selbst angstfrei anblicken können, weil wir wissen, dass Jesus Christus voller Liebe auf uns schaut und für uns eintritt. Anders als der Angeklagte in der Geschichte, brauchen wir uns nicht zu verstellen. Wir dürfen wir selbst sein, weil wir Jesus an unserer Seite wissen.

Mit permanenten Filzstiften schreiben die Schüler/innen nun den biblischen Satz in die Mitte ihres Herzens, der sie am meisten anspricht und ermutigt.

Ein solcher Satz könnte z.B. in Anlehnung an die Bildbetrachtung sein: „Ich bin als Licht in die Welt gekommen, auf dass, wer an mich glaubt, nicht in der Finsternis bleibe." (Joh 12,46)

Wozu brauchen wir Vergebung?

Denn was ist anderes gesagt, wenn du sprichst: „Ich will nicht vergeben" und stehst doch vor Gott mit deinem kostbaren Vaterunser und brabbelst mit dem Mund: „Vergib uns unsere Schuld, gleich wie auch wir vergeben unseren Schuldigern", denn als so viel: „O Gott, ich bin dein Schuldiger, so hab ich auch einen Schuldigern. Nun will ich ihm nicht vergeben, so vergib du mir auch nicht. Ich will dir nicht gehorsam sein, obwohl du mir zu vergeben befiehlst. (...)" Sieh, du armer Mensch, ob du einen solchen Feind hast (...), der dich vor den Menschen so vermaledeit, wie du dich selbst vor Gott und allen Heiligen vermaledeist mit deinem eigenen Gebet. Und was hat er dir getan? Einen zeitlichen Schaden. Nun, warum willst du dich dann wegen eines kleinen zeitlichen Schadens selbst zu einem ewigen Schaden führen? Sieh dich vor, o Mensch. Nicht der dich betrübt, sondern du selbst, der du nicht vergibst, tust dir den rechten Schaden, den dir die ganze Welt nicht zu tun vermag.

Martin Luther

Lüftlmalerei in Mittenwald. Foto: Günter Pilger.

Über Vergebung

Ein Schüler kam einst zu seinem Meister und beklagte sich über die Menschen, die ihn in letzter Zeit beleidigt hatten oder unfreundlich zu ihm waren. „Fast jeden Tag begegnen mir Menschen, über die ich mich aufregen muss, weil sie sich so dämlich verhalten, oder weil sie mich beleidigen oder mich verletzen", klagte er.

Der Meister ging kurz ins Nebenzimmer und kam mit einem Messer und einem Korb voll Kartoffeln zurück, die er dem Schüler überreichte.

„Ich möchte, dass du an alle Personen denkst, die dich in letzter Zeit verletzt oder beleidigt haben. Dann ritzt du mit dem Messer den Namen jeder einzelnen Person auf eine Kartoffel."

Dem Schüler fielen schnell einige Namen ein, und nach kurzer Zeit hatte er mehrere Kartoffeln beschriftet.

„Gut", sagte der Meister. „Hier hast du einen kleinen Sack. Gib deine Kartoffeln da hinein und trage den Sack eine Woche lang überall mit dir. Dann komm wieder zu mir."

Der Schüler tat, wie der Lehrer ihm geheißen hatte. Anfangs empfand er das Tragen des Sackes nicht als besonders schwierig. Aber nach einigen Tagen wurde der Sack immer lästiger; außerdem begannen die angeritzten Kartoffeln zu stinken.

Nach sieben Tagen begab sich der Schüler mit seinem Sack wieder zum Meister.

„Hast du aus dieser Übung etwas gelernt?" fragte dieser.

„Ich denke schon", antwortete der Schüler. „Wenn ich anderen nicht vergebe, trage ich diese Gefühle des Ärgers immer mit mir, genau wie die Kartoffeln. Und irgendwann verfault das Ganze auch noch. Also muss ich die Kartoffeln entfernen, indem ich meinen Mitmenschen vergebe, so wie es alle großen Weltreligionen predigen."

„Gut", sagte der Meister, „du kannst vergeben und so die Kartoffeln loswerden. Überlege bitte, welchen dieser Personen du vergeben kannst, und entferne die entsprechenden Kartoffeln aus deinem Sack."

Der Schüler dachte nach. Die Vorkommnisse, deretwegen er die Kartoffeln in den Sack gegeben hatte, waren alle schon mindestens eine Woche her; und so vergab er allen Personen und entfernte alle Kartoffeln aus dem Sack.

„Ausgezeichnet", sprach der Meister und lächelte. „Dein Sack ist wieder leer. Deshalb möchte ich jetzt, dass du für alle Personen, die dich in der letzten Woche verletzt haben, erneut Kartoffeln beschriftest und in den Sack gibst."

Der Schüler erschrak, denn er erkannte, dass sich so sein Sack schon wieder mit Kartoffeln füllen würde.

Aus dem Taoismus

1. Zum Luther-Text

Luther zeigt in seiner Auslegung des Vaterunsers, dass wir uns selbst den größten Schaden zufügen, wenn wir anderen nicht vergeben. Ausnahmslos alle Menschen sind darauf angewiesen, dass Gott ihnen ihre Schuld vergibt. Eine größere Vergebung, als die, die uns durch Gott zu Teil wird, ist nicht denkbar. Gottes Vergebung wirkt über unsere zeitliche Existenz hinaus, hat also eine ganz andere existentielle Dimension. Was wir im Großen unverdient als Geschenk von Gott erhalten, gönnen wir unseren „Schuldigern" im Kleinen nicht so leicht. Gottes Liebe soll aber durch uns weitergegeben werden, denn sie ist keine Einbahnstraße. Geben wir diese unsere Schwächen vergebende Liebe nachsichtig weiter, bereichert dies uns selbst am meisten. Sind wir aber nachtragend, konzentrieren wir uns auf das, was uns belastet, verkrümmen wir uns unter dieser Last in uns selbst, und versäumen es, uns für Gottes Liebe öffnen zu lassen. Damit schaden wir uns vielleicht selbst mehr, als all diejenigen es vermögen, deren Schuld wir nicht zu vergeben imstande sind.

2. Die Lüftlmalerei mit dem Gleichnis vom Splitter und Balken

Diese Lüftlmalerei befindet sich an einer Hausfassade in Mittenwald. Der Künstler hat die biblische Szene mit einer Freskotechnik auf frischem Kalkputz verewigt, so dass Bewohner und Besucher des Ortes innehalten und über den Sinn der Darstellung nachdenken können, ohne hierfür eigens in ein Museum oder in eine Kirche gehen zu müssen. Der Clou ist also, dass die Betrachter mitten in ihrer Alltagswelt mit der biblischen Botschaft konfrontiert und zur Auseinandersetzung mit ihrer Selbst- und Fremdwahrnehmung angeregt werden. Die Körperhaltung des Mannes, in dessen Auge sich der Balken befindet, ist offen und selbstsicher. Er steht leicht erhöht und glaubt sich im Recht, sein Gegenüber auf dessen Schwächen hinzuweisen. Ähnlich wie der Luthertext machen Mt 7,3–5 sowie diese Lüftlmalerei darauf aufmerksam, zunächst die eigenen Schwächen buchstäblich in den Blick zu nehmen, bevor wir diesbezügliche Forderungen an andere stellen.

3. Text aus dem Taoismus

Wer nachtragend ist, hat schwer zu tragen. Er belastet und schadet sich selbst. Unser Text aus dem Taoismus macht dies ohne expliziten Gottesbezug deutlich. Es zeigt sich außerdem, dass die Auseinandersetzung mit erlittenen Verletzungen und das Einsetzen der Vergebungsbereitschaft Prozesse sind, die sich nicht intellektuell verordnen lassen, sondern buchstäblich am eigenen Leib erfahren werden müssen. Nur indem man unangenehme Gefühle zulässt, sie wie in dieser Geschichte (er)trägt und benennt, kann man sich ihrer letztlich entledigen. So lehrt der Text aus dem Taoismus genau hinzuschauen und zu erfühlen, wie wohltuend es sein kann, sich von auf der Seele lastendem Groll loszusagen.

4. Was Kinder dazu sagen

Frage: „Was versteht ihr unter Schuld?"
Mädchen (8 Jahre): „Wenn sich jetzt jemand wehtut und ich habe dem weh getan, dann
   bin ich schuld."

Frage: „Wie kann man mit Schuld umgehen?"
Junge (8 Jahre): „Wenn ich jemandem wehgetan habe und dann sage ich, dass ich das war,
   und dann ist die Wahrheit auch besser. Deswegen sage ich es lieber sofort als später."

Frage: „Wie fühlt sich Vergebung an?"
Mädchen: „Ich meine, dann fühlt man sich ein bisschen besser, aber auch noch ein bisschen schlecht. Weil es ja noch nicht ganz vorbei ist."

Frage: „Warum vergibt Gott uns Menschen?"
Mädchen: „Weil Gott, der ist ein netter. Das ist der Herr und der Vater von allen Menschen."

5. Vorschläge

Den Schülern kann Mt 18,21–35 vorgelesen oder der Inhalt nacherzählt werden. Dieses Gleichnis vom sog. Schalksknecht ist mit der im Luther-Text angesprochenen Bitte des Vaterunsers „Und vergib uns unsere Schuld, wie auch wir vergeben unseren Schuldigern" in Form einer Schweigediskussion auf DIN A3-Blättern in Tischgruppen zu erarbeiten. Nach der Auswertung im Plenum erhalten die Schüler/innen den Arbeitsauftrag, ein Bild zu malen mit dem Titel: So fühlt sich Vergebung an.

Was ist der Unterschied zwischen Zeit und Ewigkeit?

Scheinbar ist die Ewigkeit nicht ein anderes als die Zeit. Es ist nämlich unmöglich, dass es zweierlei Maß für die Dauer zugleich gibt, wenn nicht das eine ein Teil des anderen ist: es sind doch nicht zwei Tage oder zwei Stunden zugleich da, wohl aber sind Tag und Stunde zugleich da, weil die Stunde ein Teil des Tages ist. (…)

Denn, gibt man auch zu, dass die Zeit immer dauere, so ist es doch möglich, in der Zeit einen Anfang und ein Ende anzuzeichnen, indem man von ihr etliche Teile nimmt, wie wir vom Anfang und Ende eines Tages oder Jahres sprechen, was bei der Ewigkeit nicht zutrifft.

Aber diese Unterscheidungen sind doch die Folge des Unterschiedes, der an sich und zuerst da ist: darin, dass es die Ewigkeit, nicht aber die Zeit ganz auf einmal gibt.

Thomas von Aquin

Planisio-Bibel, 14. Jahrhundert: Die Schöpfungsgeschichte.

Der Himmel und die Ewigkeit

Es war einmal ein kleiner Mönch, der hatte viele Jahre ein glückliches und zufriedenes Leben geführt. Als er eines Tages gerade in der Klosterküche beim Geschirrabwaschen war, kam ein Engel zu ihm und sprach: „Der Herr schickt mich zu Dir und lässt Dir ausrichten, dass es an der Zeit für Dich sei, in die Ewigkeit einzugehen."

„Ich danke Gott, dass er sich meiner erinnert", erwiderte der kleine Mönch. „Aber Du siehst ja, was für ein Berg Geschirr noch abzuwaschen ist. Ich möchte nicht undankbar erscheinen, aber lässt sich das mit der Ewigkeit nicht so lange hinausschieben, bis ich hier fertig bin?"

Der Engel blickte ihn nach Engelart weise und huldvoll an und sprach: „Ich werde sehen, was sich tun lässt", und verschwand. Der kleine Mönch wandte sich wieder seinem Geschirrberg zu und danach noch allen möglichen anderen Dingen (…).

Eines Tages machte er sich gerade mit einer Harke im Garten zu schaffen, da erschien der Engel wieder. Der Mönch wies mit der Harke gartenauf und gartenab und sagte: „Sieh Dir das Unkraut hier an! Kann die Ewigkeit nicht noch ein bisschen warten?" Der Engel lächelte und verschwand abermals.

Der Mönch jätete den Garten fertig, dann strich er die Scheune. So werkte er fort und fort, und die Zeit ging dahin (…). Eines Tages pflegte er die Kranken. Er hatte eben einem fiebernden Patienten einen Schluck kühlen Wassers eingeflößt, da sah er, als er aufblickte, wieder den Engel vor sich.

Dieses Mal breitete der Mönch nur mitleidheischend die Arme aus und lenkte mit den Augen des Engels Blicke von einem Krankenbett zum anderen. Der Engel verschwand ohne ein Wort.

Als der kleine Mönch sich an diesem Abend in seine Klosterzelle zurückzog und auf sein hartes Lager sank, sann er über den Engel nach und über die lange Zeit, die er ihn nun schon hingehalten hatte. Mit einem Mal fühlte er sich schrecklich alt und müde, und er sprach: „O Herr, könntest Du Deinen Engel doch jetzt noch einmal schicken, er wäre mir sehr willkommen."

Kaum hatte er geendet, stand der Engel schon da: „Wenn Du mich nimmst", sagte der Mönch, „so bin ich nun bereit, in die Ewigkeit einzugehen!"

Der Engel blickte den Mönch nach Engelart weise und huldvoll an und sprach: „Was glaubst Du wohl, wo Du die ganze Zeit gewesen bist?"

Albert Schweitzer

1. Zum Thomas-Text

Ewigkeit ist ein zentraler, aber schillernder Begriff. Er weist uns darauf hin, dass die Welt Gottes sich in ihrer Andersheit nicht nur räumlich, sondern auch zeitlich deutlich von unserer Welt unterscheidet. Wir meinen, etwas von Zeit zu verstehen, sie messen zu können und sie planerisch so vorweg nehmen zu können, wie wir den Eindruck haben, wir könnten über eine geordnete Vergangenheit „verfügen". Doch wir wissen auch, dass unser Zeitempfinden höchst situationsabhängig ist. Manchmal verfliegt die Zeit im Nu und manchmal scheint sie sich endlos zu dehnen. Seit Einstein wissen wir, dass unsere Zeit nicht so objektivierbar ist, wie wir das aus dem Alltag kennen, sondern dass sie im Lichte des Weltalls ihrerseits „relativ" wird und so denkerische Kapriolen erlaubt. Doch was hat das mit der Ewigkeit zu tun? Christliche Theologie hat immer eine Zeit ins Auge gefasst, die jenseits unserer Vorstellungswelt existiert – die Zeit Gottes. Sie umgreift förmlich unsere Erdenzeit – wir sind geneigt zu sagen, nach vorne und nach hinten, obwohl diese Begrifflichkeit das Gemeinte eher verfehlt, denn Anfang und Ende lassen sich im Bild der Ewigkeit nicht recht unterscheiden. Was sagt nun Thomas aus seinem denkerischen Fundus heraus?

Thomas geht davon aus, dass es für das „Zeit" genannte Phänomen erst einmal nur eine Begrifflichkeit geben kann. Mit dieser kann ich einen bestimmten Zeitpunkt präzise festlegen. Ein Ereignis kann in derselben Zeitzone nicht zu verschiedenen Terminen (gemessen in Stundenangaben) stattfinden. Doch – und hier weist Thomas über seine bisherige Einsicht hinaus – ein Ereignis kann an einem bestimmten Tag und zugleich zu einer bestimmten Stunde stattfinden. Da der Tag die Stunde übergreift, hat er ein Vergleichsmittel, das er auf Ewigkeit und Zeit überträgt. Die Zeit wird hier analog zur Stunde gedacht, die Ewigkeit analog zum Tag. Damit wird es auch möglich, aus der Ewigkeit gewissermaßen ein Stück „herauszuschneiden". Dieses „Stück" hat dann sinnvollerweise auch wieder einen Anfang und ein Ende, d.h. erkennbare Begrenzungen. Nach diesem Modell ist die Welt nach der Schöpfung und bis zu ihrem Ende ein Teil der Ewigkeit. Man kann also – und das ist die wichtige Konsequenz – zwar „aus der Zeit fallen", aber nicht aus Gottes Ewigkeit. Doch da die Ewigkeit umfassend gedacht wird, ist es dort auch nicht möglich, Anfang oder Ende zu unterscheiden. Gerade das, was die Zeit ausmacht, die Unterscheidung der Zeitpunkte, fehlt der Ewigkeit. Insofern vergeht sie nicht und ist daher notwendigerweise immer gleichzeitig. Es kann im Hinblick auf die Ewigkeit keine Vergangenheit und keine Zukunft geben, sondern allein Gegenwart – allerdings die Gegenwart Gottes.

2. Das Bild aus der Planisio-Bibel

Das Bild stammt aus einer Bibelillustration, die der Abt des Cölestinerklosters San Michele in Neapel in der Mitte des 14. Jahrhunderts in Auftrag gab. Das ausgewählte Bild soll den zweiten Schöpfungstag darstellen, in dem Gott mit einem Stab auf das kreisförmige Himmelsgewölbe zu weisen scheint. Wie kann das Bild mit der Fragestellung des Textes verbunden werden? Das Bild bewegt sich in einem Denkraum, in welchem man von Sphären ausging, die die wohlgeordnete Welt Gottes darstellen. Insofern ist es konsequent, dass das Geschehen im Zentrum auch die kreisförmige Gestalt abbildet, in mancher Hinsicht aber auch an einen Embryo denken lässt. Bestimmend ist die Unschärfe der Darstellung des Objektes. Damit erhält man als Beschauer/in den Eindruck, dass man Zeuge eines Geschehens wird, d.h., dass da gerade etwas passiert. Diesen Moment sehen wir als Analogie zur beschriebenen Grenzziehung von Zeit und Ewigkeit. Mit der geschaffenen Welt beginnt gleichzeitig die Zeit. Wie aus dem Nichts ein Etwas wird, so aus der Ewigkeit die Zeit. Mit seiner die Endlosigkeit markierenden Rundung bildet der Ring um die „Erde" gewissermaßen ein Symbol der Unendlichkeit, in die nun die Zeitlichkeit eintritt. Letztere bleibt aber – das zeigt das Bild – in vielfacher Weise von der Ewigkeit (im Sinne von Unendlichkeit) umgeben – vielleicht auch bewahrt.

3. Der kleine Mönch

Die Weise, in der in dieser gleichnishaften Geschichte über „die Ewigkeit" gesprochen wird, unterscheidet sich grundlegend von der Redeweise des Thomas. Dort geht es um das Verhältnis von Zeit und Ewigkeit im Hinblick auf deren Logik, z.B. begrenzbar – unbegrenzbar. Hier dagegen um die Frage, was denn ein „Leben in der Ewigkeit" ausmacht. Dabei ist auch dies eine Metapher, denn es handelt sich hier um die Existenz nach dem Tod – also eigentlich um ein Nicht-mehr-Leben. Andererseits geht die christliche Hoffnung davon aus, dass es eine Weiterexistenz der Verstorbenen „bei Gott" gibt und geben wird. Wie Letzteres beschreibbar ist, ist in der Kirchengeschichte umstritten. Immerhin ist die Rede vom „Himmel" als äquivalentem Begriff zur „Ewigkeit" geläufig und ist auch mit bestimmten Vorstellungen verbunden. Meist treten hier paradiesische Bilder auf im Sinne eines „guten Lebens" schlechthin.

Die kleine Geschichte steht nun quer zu der Erwartung, dass einem mehr oder weniger mühseligen Leben eine genussvolle Zeit im Himmel nachfolge. Der Mönch verkörpert ein Leben, das die alltägliche Arbeit – im Sinne eines Wortes von Martin Luther – als eine Art „Gottesdienst" sieht. Indem er seine Pflichten gegenüber der Gemeinschaft erfüllt und dies gerne tut, erfährt er bereits hier auf Erden ein Stückweit den Geschmack von Gottes Ewigkeit. Diese „Ewigkeits-Erfahrung" ist gerade kein Luxusleben, sondern eine Befriedigung in dem, was man gerade zugunsten der anderen tut. In der Begrifflichkeit des Thomas könnte man sagen, die Ewigkeit kann man erfahren mitten in der Zeitlichkeit.

4. Was Kinder dazu sagen

Frage: *„Wovon handelt die Geschichte?"*
Mädchen (13 Jahre): „Der Mönch wollte erst die Sachen fertig machen, der hat sich lieber erst um andere gekümmert, statt um sich selbst."
Junge (14 Jahre): „Das meine ich auch, dass ihm andere Leute viel wichtiger sind als er sich selbst."

Mädchen: „Er hat ja jetzt alles gemacht, was er tun wollte. Jetzt ist er bereit, auch für sich mal etwas zu tun."

Junge: „Der hat sich mehr um andere gekümmert und gar nicht realisiert, dass er auch selbst schon mittendrin ist. (…) Die Zeit läuft vor ihm weg. Die Ewigkeit nicht."

5. Vorschläge

Fragen zum Thomas-Text

➢ Welches Problem ergibt sich daraus, dass die Zeit begrenzt gedacht wird, die Ewigkeit aber unbegrenzt?

➢ Thomas bietet hier das Verhältnis von Tag und Stunde an – wie weit leuchtet das ein?

➢ Was bedeutet es für „Anfang und Ende", wenn man sich die Zeit eingebettet in die Ewigkeit vorstellt?

➢ Was kann es bedeuten, dass Ewigkeit weder Vergangenheit noch Zukunft, sondern nur Gegenwart kennt?

Frage zum Bild

➢ Zeige anhand des Bildes, wie man sich die Schöpfung im Zusammenhang der „Ewigkeit" vorstellen kann! Überlege dir eigene Bilder für Zeit und Ewigkeit!

Überlegungen zu der Geschichte

➢ Was versteht der Mönch erst einmal unter „Ewigkeit"?

➢ Was denkt man als Leser/in, was den Mönch nach seinem Tod erwarten könnte?

➢ Die Geschichte sieht – so scheint es – erst einmal keinen großen Unterschied zwischen unserem jetzigen Leben und der Ewigkeit – doch stimmt dieser Eindruck?

➢ Warum ist das Leben für den Mönch wohl trotz aller Mühen schon jetzt ein „Stück Himmel" und damit „Ewigkeit"?

Geistliche Impulse

Die folgenden Impulse können in der gemeindlichen Arbeit unterschiedlich zum Einsatz kommen. Sie eignen sich als kurze Andachten bei Presbyteriumssitzungen, Dienstbesprechungen, Frauenhilfs- oder Seniorennachmittagen, Besuchen und vielem mehr. Die angeführten Lieder sind exemplarisch zu verstehen. Angegeben sind Lieder aus dem Evangelischen Gesangbuch (EG) und aus dem Regionalteil der Evangelischen Kirchen Rheinland, Westfalen und Lippe (EG*). Ferner wird auf „Wort Laute. Liederheft zum Evangelischen Gesangbuch" verwiesen. Zur Planung und Durchführung von theologischen Gesprächskreisen eignet sich der erste Teil des Buches quasi als „Baukasten", aus dem jeweils für die Gruppe geeignete Elemente ausgewählt werden können. Die geistlichen Impulse dienen dann als Abschlussandacht zur Abrundung der Einheit.

1. Was tat Gott, bevor er Himmel und Erde schuf? Was ist Zeit?

Lied: Der du die Zeit in Händen hast (EG 64)
Bibelwort: Wo warst du, als ich die Erde gründete? Sage mir's, wenn du so klug bist! (Hi 38,4)

Fragt man heutige Menschen nach dem, was am Anfang der Welt stand, dann murmeln diese etwas vom Urknall. Sie tun dies oft etwas zurückhaltend, weil sie wissen, dass sie nicht so genau sagen können, was darunter zu verstehen ist. Sie befinden sich dabei in guter Gesellschaft. Zwar haben Wissenschaftler heute Kenntnis über vieles aus der Frühzeit unseres Universums. Doch was „ganz am Anfang" geschah, können auch sie nur vermuten.

Wer mitbekommen hat, mit welcher Intensität viele Adoptivkinder spätestens in der Pubertät versuchen herauszufinden, wer denn nun ihre „echten" Eltern sind, der kann begreifen, dass die Suche nach dem Anfang keine bloße Spekulation ist. Anfang ist immer auch Herkunft.

Die Brüder Grimm erzählen ein Märchen, das den neugierigen Fragen des Königs Antworten bietet. Der König muss trotz aller Wissbegierde letztlich erkennen, dass ihn die Vorstellung der Anzahl der Wassertropfen im Meer ebenso wie die Imagination der Ewigkeit schlichtweg überfordert. Hier spielt es keine Rolle, wer fragt. Es ist egal, ob König oder Kind. Die Antwort der Bibel richtet sich an alle, die sich Gedanken machen. Die Bibel sagt uns schlicht: „Am Anfang war Gott!" Damit wird einerseits der Wunsch nach Details abgewehrt – Gott ist erst einmal nur Gott. Doch mit dem väterlichen Gott, der für uns da sein will, ist dann doch etwas ganz Entscheidendes ausgesagt. Am Anfang steht einer, der seit damals uns zugewandt ist. Und meist interessiert uns der Anfang vor allem auch deshalb, weil wir daraus Antworten für das erhoffen, was noch kommt. Der, den wir als Schöpfer loben, ist doch auch der, der am Ende stehen wird. Insofern ist es konsequent, wenn wir den gnädigen Schöpfergott auch am Ende unseres Lebens und unserer Zeit erwarten.

Lied: Ausgang und Eingang (EG 175)
Gebet: Herr, wir sehen die Welt und spüren das Vergehen der Zeit. Wir möchten gerne verstehen, was da passiert ist, ganz am Anfang, und was ein Wort wie „Ewigkeit" für uns bedeuten kann. Doch wenn wir uns den großen Zahlen nähern, die dann ins Spiel kommen, werden wir entweder verwirrt oder bescheiden. Fangen wir an, dich, der du die Zeit und uns in Händen hältst, staunend zu loben. Amen.

2. Wie lange dauerte die Schöpfung?

Lied: Freuet euch der schönen Erde (EG 510)
Bibelwort: Und Gott sah an alles, was er gemacht hatte, und siehe, es war sehr gut. Da ward aus Abend und Morgen der sechste Tag. (Gen 1,31)

Lucas Cranach, der kongeniale Maler und Freund Martin Luthers, der so viel dafür tat, dass Person und Botschaft des Reformators in Wort und Bild verbreitet wurden, hat für die erste Ausgabe der kompletten Bibelübersetzung Martin Luthers eine Fülle von Bildern beigesteuert. Hier sehen wir die Zeichnung zur Schöpfung: Gott, der im Feuer- und Lichtkranz dargestellt ist, eingehüllt in majestätisch rauschendes Gewand, blickt auf seine Schöpfung. Sie ist vollendet! Im Garten Eden findet sich das erste Menschenpaar, eine Fülle von Tieren ist in einer wunderschönen Landschaft zu sehen. Um das Festland herum kreist der Ozean, der von den paradiesischen Flüssen gespeist wird. Zahlreiche Fische tummeln sich im Wasser. Und am Horizont geht das Meer in den Himmel über. Alles ist gleichzeitig: Tag und Nacht. Die Sonne ist zu sehen und auch der Mond und die Sterne, die ganze Schöpfung eben. Das alles ist von einem grünen wie gewunden erscheinenden Band umgeben. So entsteht der Eindruck eines Medaillons, das hier vergrößert wirkt. Ein Medaillon trägt man am Herzen. Und auch Gott scheint diese Schöpfung am Herzen zu tragen. Er schaut auf seine Schöpfung, die Arme sind ausgebreitet. Das ganze Bild ist von dem Ausdruck Gottes erfüllt: „Und Gott sah an alles, was er gemacht hatte, und siehe, es war sehr gut." (Gen 1,31)

Gottes Freude und Stolz, seine tiefe Befriedigung über das Gute und Gelungene durchströmen alles. Cranach konzentriert sich in seinem Bild ganz auf den Augenblick der Vollendung, auf den Zielpunkt der Schöpfung, deren Entwicklung hier nicht dargestellt ist. Das Bild will etwas anderes vermitteln: Die grundströmende Güte, mit der diese Welt von Gott geschaffen worden ist und die tiefe Geborgenheit, die für den Menschen daraus entsteht, ein Teil eben dieser Schöpfung zu sein, tief geborgen in Gott. Um ihn herum ist eine gute und schöne Welt und diese wiederum ist umfasst von den ausgebreiteten Armen Gottes.

„Wenn am Schemel seiner Füße und am Thron schon solcher Schein, o was muss an seinem Herzen erst für Glanz und Wonne sein." (Philipp Spitta; EG 510,5)

Lied: Laudatosi (EG 515)
Gebet: Herr, deine Schöpfung ist sehr gut. So urteilst du, der du uns von Grund auf kennst, voller Liebe und Güte über uns, das Werk deiner Hände. Lege uns diesen liebenden Blick in unsere Herzen, öffne unsere Augen für das Gute, das in uns wachsen will, für das Gute, das uns den Weg zu dir, in deine für uns ausgebreiteten Arme weist. Amen.

3. Worin besteht Gottebenbildlichkeit?

Lied: Vergiss es nie (Wort Laute. Liederheft zum Evangelischen Gesangbuch 93)
Bibelwort: Und Gott sprach: Lasset uns Menschen machen, ein Bild, das uns gleich sei, die da herrschen über die Fische im Meer und über die Vögel unter dem Himmel und über das Vieh und über die ganze Erde und über alles Gewürm, das auf Erden kriecht. (Gen 1,26)

Im Grundgesetz heißt es, dass die „Würde des Menschen unantastbar" sei. Die christliche Perspektive unterstützt diese Aussage dadurch, dass jeder Person eine unverlierbare Gottebenbildlichkeit zukommt. Tatsächlich erzählt die biblische Schöpfungsgeschichte: „Und Gott sprach: Lasset uns Menschen machen, ein Bild, das uns gleich sei" (Gen 1,26).

Doch worin besteht diese Gottebenbildlichkeit? Ist sie in unserem Verstand, in unserer Kreativität, überhaupt in unserem Geist zu finden? In Psalm 8,5f heißt es ähnlich: „Was ist der Mensch, dass du seiner gedenkst, und des Menschen Kind, dass du dich seiner annimmst? Du hast ihn wenig niedriger gemacht als Gott, mit Ehre und Herrlichkeit hast du ihn gekrönt."

Trotzdem bleibt es schwierig, sich die Ähnlichkeit zu einem Gott vorzustellen, den man nicht sehen kann. Klar ist hierbei lediglich, dass das Verhältnis vom Abbild zum Urbild unscharf bleiben muss. War das immer so? Im Erzählkontext der Schöpfungsgeschichte, aus der unser Bibelwort stammt, wohl kaum. Unbefangen wird dort davon berichtet, dass Gott sich in der Abendkühle im Garten Eden erging (Gen 3,8). Der Mensch konnte sich mit eigenen Augen ein Bild von Gott machen, Urbild Gott und Abbild Mensch waren sich ganz nahe. Doch dann kam es zum Fall. Der gottebenbildliche Mensch hatte an dieser Gottebenbildlichkeit nicht genug. Er wollte sich nicht zu Gott hin ausbilden, sondern er bildete sich stattdessen die Begehrlichkeit eigener Stärken ein: Er wollte gottgleich – also auf Augenhöhe mit Gott – sein. Wie wir wissen, war diese Vermessenheit nicht zielführend. Vielmehr ging etwas Wesentliches, Kostbares, Einzigartiges zu Bruch, nämlich die Unmittelbarkeit der Gottesnähe.

Nun ist es eine lang diskutierte Frage, ob durch den Sündenfall die Gottebenbildlichkeit lediglich schwer beschädigt oder unrettbar verloren gegangen sei. Auf jeden Fall ist das Verhältnis von Gott als dem Urbild und dem Menschen als Abbild in dieser Denkrichtung nicht mehr zu lösen. Aus und vorbei? Ein für alle Mal?

Hilfe bzw. die Lösung kommt für uns Menschen aus einer ganz anderen Perspektive. Sie kommt von Christus her. Er ist „das Ebenbild des unsichtbaren Gottes" (Kol 1,15). Gleich mehrfach wird das im Neuen Testament betont (2. Kor 4,4; Kol 3,10; Hebr 1,3). In Christus sehen wir das Urbild als Ebenbild. In Christus sehen wir Gott. In Christus begegnen wir einem Menschen, der uns wahres Menschsein vorlebt. Ja, in Christus haben wir an dieser Ebenbildlichkeit teil, wenn Christus im „fröhlichen Wechsel" (Martin Luther) dies vermittelt. Im Glauben dürfen wir als seine Brüder und Schwestern diese Gottebenbildlichkeit neu ergreifen, uns an ihr freuen und gewiss sein: Wir sind „ein Gedanke Gottes, ein genialer noch dazu."

Lied: Wir strecken uns nach dir (EG* 664)
Gebet: Gott, du stellst unsere Würde nie in Frage. Wir sind keine Laune der Natur, sondern einzigartig. Als deine Kinder, Jesu Brüder und Schwestern, bildest du unsere Herzen und Sinne auf dich hin aus. In dir erblicken wir Lebendigkeit, Barmherzigkeit, Wahrhaftigkeit, Gerechtigkeit, Beständigkeit und Vollständigkeit. Lass auch uns hoffnungsvolle (Ab-)Bilder für unsere Welt sein. Amen.

4. Was kann man vom Menschen wissen?

Lied: Meinem Gott gehört die Welt (EG 408)
Bibelwort: Ich habe dich je und je geliebt, darum habe ich dich zu mir gezogen aus lauter Güte. (Jer 31,3)

Der Mensch, so wird gesagt, habe durch die Wissenschaft eine Reihe schwerer Kränkungen hinnehmen müssen. Zum einen sei ihm durch Nikolaus Kopernikus das stolze Bewusstsein genommen worden, dass sein Wohnort – die Erde – den Mittelpunkt des Universums darstelle. Dann habe ihm Charles Darwin beigebracht, dass der Mensch noch nicht einmal die Krone der Schöpfung sei, sondern vielmehr ein Teil in der evolutionären Kette des Lebendigen. Und schließlich sei der Mensch durch Sigmund Freud gewahr geworden, dass er noch nicht einmal „Herr im eigenen Hause" sei, vielmehr sei das, was er als bewusstes Handeln wahrnehme, durch das ihm nur schwer oder auch gar nicht zugängliche Unbewusste gesteuert. Neuerdings kommt nun noch eine weitere Kränkung hinzu, wenn die Neurowissenschaft bezweifelt, ob der Mensch eigentlich über einen freien Willen verfüge. So betrachtet, stellt sich wirklich die Frage, was man eigentlich vom Menschen wissen kann. Ja, was kann man vom Menschen wissen? Schon Leonardo da Vinci hat ihn vermessen und seziert, er konnte dabei aber nur auf der Ebene des Körperlichen bleiben. Die Philosophen haben sich über die Seele gestritten und sind zu keiner Einigkeit gelangt. Dem gegenüber hat Martin Luther darauf hingewiesen, dass alle Versuche, den Menschen zu verstehen, insbesondere sein Versuch, sich selbst zu verstehen, sich gleichsam „auf die Spur" zu kommen, vergeblich seien. Der Mensch muss vielmehr zurück zur Quelle, um zu wissen, was er über sich wissen kann, und diese Quelle ist Gottes Wort. Hier wird er sich selbst bekannt, als gefallenes und zugleich von Gott geliebtes Geschöpf. Hier wird er als nur wenig geringer wie Gott gesehen (Ps 8,6). Hier wird ein oft erschreckendes, zuweilen berührendes, vor allem aber ehrliches Bild des Menschen gezeichnet. In der Quelle des biblischen Wortes sieht er sich, wie er ist.

Damit sind jedoch längst nicht alle Fragen gelöst. Vieles kann der Mensch einfach nicht wissen. Zeitlebens ist daran nichts zu ändern. Paulus hat es auf den Punkt gebracht, wenn er schreibt: „Wir sehen jetzt durch einen Spiegel in einem dunklen Bild" (1. Kor 13,12).

Was kann der Mensch also überhaupt von sich wissen? Was muss er sogar unbedingt wissen? Welche Gewissheit trägt ihn durch sein Leben? Existentiell ist das menschliche Gegründetsein im Gottesbezug. Dieser Gott, der ihn geschaffen hat, ruft ihm zu: „Ich habe dich je und je geliebt, darum habe ich dich zu mir gezogen aus lauter Güte." (Jer 31,3) Der Mensch steht in einer tragfähigen Beziehung, ist bezogen, sogar gezogen auf Gottes Liebe und Güte hin. Das kann und soll der Mensch von sich wissen, Gott allein genügt.

Lied: Nada te turbe (Wort Laute. Liederheft zum Evangelischen Gesangbuch 79)
Gebet: „Nichts beunruhige dich, nichts ängstige dich: wer Gott hat, dem fehlt nichts. Gott allein genügt. Amen" (Übersetzung von Nada de turbe, a.a.O., 79)

5. Wer ist Gott?

Lied: Such, wer da will, ein ander Ziel (EG 346)
Bibelwort: Und du sollst den Herrn, deinen Gott, lieb haben von ganzem Herzen, von ganzer Seele und mit all deiner Kraft. (Dtn 6,5)

Rembrandts Bild trägt den Titel „Das Gleichnis vom Reichen" oder auch „Der Geldwechsler". Es zeigt einen begüterten Mann, wie er im Kerzenschein die Qualität einer Goldmünze prüft. Um sich herum türmen sich Berge von Büchern und Zetteln auf, die er offensichtlich rasch beiseitegeschoben hat, um Platz auf seinem Tisch zu machen für die Münzen. Vielleicht hat er den Schutz der Dunkelheit abgewartet, um ganz ungestört und unbeobachtet seinen Schatz betrachten zu können. Dann hat er den Wandschrank hinter sich geöffnet und die Münzen herausgeholt.

Der Reiche ist ganz vertieft, ganz bei sich – wir sagen heute – fokussiert. Er schaut die Münze an. Sie hat er im Blick „mit ganzem Herzen, mit ganzer Seele und mit all seiner Kraft". Es ist sein Gottesdienst. Doch sein Gott ist ein Abgott, ein Götze. Auf ihn baut er. Er ist seine Sicherheit. Er schützt ihn vermeintlich. Er ist bei ihm. Aber dieser falsche Gott gibt kein Licht, er muss von der Kerze beleuchtet werden, damit er glänzt; er gibt keinen Halt, sondern er muss gehalten werden. Was ist das für ein Gott?

Kennen wir das auch, dass etwas so bei uns im Zentrum steht, dass es unser ganzes Herz, unsere ganze Seele und all unsere Kraft fordert? Dann ist es unser Gott! Aber dieser Gott gibt kein Licht, er verschlingt es. Dieser Götze gibt keinen Halt, er muss hochgehalten werden.

Bei Lukas heißt es in der Erzählung vom reichen Kornbauern, dass seine Seele noch in dieser Nacht gefordert werde. Dann ist sein Götze verschwunden. Die Kerze ist aus, es herrscht nur noch Dunkelheit, und nichts wird mehr da sein, was dem eben noch so stolzen Mann hilft.

So ist diese Geschichte eine Geschichte ohne Happy End. Sie endet im Dunkel. Sie ist eine Warnung vor den Gefahren des Götzendienstes, vor fehlgeleiteter Sehnsucht, sei es dem Gotte Mammon gegenüber oder anderem, was unser Herz ganz fesselt. „Du Narr! Diese Nacht wird man deine Seele von dir fordern." (Lk 12,20)

Unser unruhiges Herz sehnt sich nach unvergänglicher Glückseligkeit. Dauerhaft fündig wird es nur in Gott, der unser Ursprung und unser Ziel zugleich ist.

Lied: Da wohnt ein Sehnen tief in uns (Wort Laute. Liederheft zum Evangelischen Gesangbuch 85)
Gebet: Herr, unser Gott! Immer wieder sind wir in der Versuchung, andere Dinge auf Platz 1 in unserem Herzen zu setzen, sie zu unserem Ziel und Streben zu machen, uns davon beherrschen und leiten zu lassen. Wir bemerken dann gar nicht, wie wir einem Götzen dienen und in Abhängigkeit von einem falschen Gott geraten. Fasziniert feiern wir unseren Gottesdienst, und vielleicht sind wir auch irgendwann kraftlos und ernüchtert. Wir bitten dich: Schärfe uns die Sinne, wecke uns das Herz und zeige uns, wo wir auf einem falschen Wege sind, weg von dir, hin zu den falschen Göttern, wie immer sie auch für uns heißen mögen. Wer soll unser Gott sein? Du! Amen.

6. Kann man Gott beweisen?

Lied: Freuet euch der schönen Erde (EG 510)
Bibelwort: Denn was man von Gott erkennen kann, ist unter ihnen offenbar, denn Gott hat es ihnen offenbart. Denn sein unsichtbares Wesen – das ist seine ewige Kraft und Gottheit – wird seit der Schöpfung der Welt, wenn man es wahrnimmt, ersehen an seinen Werken, sodass sie keine Entschuldigung haben. (Röm 1,19f)

Der Apostel Paulus geht mit diesen Ausführungen aus dem Römerbrief sofort in die Offensive: Gott ist erkennbar. Er ist aus seiner Schöpfung heraus wahrzunehmen, wenn man denn will. Wer es nicht will, hat jedenfalls keine Entschuldigung. Paulus scheint sich hier gar keine Frage zu stellen, ob die Schöpfung denn so eindeutig ist in ihrem Verweis auf einen Gott, auf eine schöpferische Intelligenz hinter allem.

Wenn wir den Überlegungen des Paulus folgen, dann ergibt sich folgende Gedankenführung: Zunächst einmal wird es so sein, dass jeder Mensch in einem üblich lang dauernden Leben tausende Male die Sonne auf- und untergehen sieht. Er sieht unzählige Male den gestirnten Himmel über sich. Im Jahreskreislauf erlebt er Wachsen und Vergehen, Ende und Neubeginn. Und so wird er sich, wenn er nur ein wenig nachdenkt, die Frage stellen, welcher Sinn, welche Ursache, welche Absicht hinter all den grandiosen Schauspielen, die ihm geboten werden, liegen möge. Und selbst dort, wo diese Welt die Spuren der Zerstörung und der Vernichtung an sich trägt, ist ebenfalls noch meist zu erkennen, wie alles ursprünglich zielgerichtet und gut gedacht war. So wie bei einem zerbombten Dom im Zweiten Weltkrieg, an dem doch noch in Pfeilern und Streben die ursprüngliche Architektonik zu sehen ist. Die Schöpfung ist für Paulus ein Verweis darauf, dass es einen Gott gibt.

Wer dieser Gott ist, bleibt freilich unklar. Aus der Schöpfung erfahren wir nicht, wer dieser Gott für uns sein möchte und was er mit uns im Sinn hat. Dies ist jedoch die alles entscheidende Frage und ihre Antwort offenbart sich dann erst in Christus. Klar ist, dass wir in Jesus Christus dem Gott begegnen, der uns kennt und uns lieb hat, so wie es in dem bekannten Kinderlied „Weißt du, wieviel Sternlein stehen" heißt: „Kennt auch dich und hat dich lieb, kennt auch dich und hat dich lieb." Solch eine Liebe braucht keinen Beweis, um tragfähig zu sein. Sie hat ihren Ursprung und ihr Ziel in Gott.

Lied: Weißt du, wieviel Sternlein stehen (EG 511)
Gebet: Gott, deine Schöpfung ist Grund zur Freude. Freude, die uns zeigt, dass du uns umgibst und hältst. Deine Liebe für uns übersteigt unser Denken und nimmt in Jesus Christus begreifbar Gestalt an. Lass uns unser Leben in dieser glaubenden und staunenden Gewissheit auf dich hin gestalten. Amen.

7. Warum interessiert sich Gott für mich?

Lied: Bis hierher hat mich Gott gebracht (EG 329)
Bibelwort: Auch bis in euer Alter bin ich derselbe, und ich will euch tragen, bis ihr grau werdet. Ich habe es getan; ich will heben und tragen und erretten. (Jes 46,4)

Dieser Text aus dem Buch des Propheten Jesaja tröstet zunächst das Volk Israel in der Bedrückung der babylonischen Gefangenschaft. Israel ist gleichsam alt und grau geworden. Schwach und verbraucht sind seine Kräfte, und ihm fehlt alle Perspektive. Es fühlt sich alleine gelassen und überfordert. Und nun gerade in diese resignierte Situation hinein spricht Gott seinem Volk seine beständige Treue zu. Gott verlässt sein Volk nicht; er lässt es nicht im Stich, das soll es wissen. Er bleibt ihm treu und trägt es durch seine Schwierigkeiten hindurch.

Dieser Vers hat Menschen immer schon eingeladen und ermutigt, das Wort Gottes an Israel ganz persönlich auch auf sich selbst und ihr eigenes Schicksal zu beziehen. Besonders ältere Menschen spricht es tief an: „... bis ihr grau werdet." Gott ist da. Gott bleibt auch in dieser Lebensphase gegenwärtig. Und alle denkbaren Ängste vor diesem Lebensabschnitt werden in einem Trost aufgehoben, wenn es heißt: „Ich will heben und tragen und erretten." Auch dann, wenn das Alter Beschwerden macht, Mühe kostet, Schmerzen bereitet, vereinsamen lässt und die Kräfte nimmt, wenn es ganz buchstäblich soweit kommen kann, dass Heben und Tragen erforderlich ist, bleibt Gott beständig treu und hilft.

Es kann sein, dass dann die eigene Fußspur im Sand, um das bekannte Gedicht von Margaret Fishback Powers zu zitieren, verwischt und nicht mehr erkennbar ist. Doch sich gerade dann als getragen zu erfahren, das ist Trost, der aus Glauben erwächst und der auch in die Zukunft schauen lässt, weil Gott hilft „wie er geholfen". (EG 329)

Lied: Einen Schritt weiter (Wort Laute. Liederheft zum Evangelischen Gesangbuch 83)
Gebet: Herr, unser Gott, auf deine beständige Treue zu bauen, ist der Weg des Trostes für uns. Deinem Volk Israel hast du deine Treue erwiesen und in Christi Kreuz und Auferstehung kommt sie zu vollem Glanz. So lass deine Treue uns leuchten, so dass wir auf Schritt und Tritt getragen sind. Amen.

8. Haben wir für Gott einen Namen?

Lied: Ich lobe meinen Gott (EG 272)
Bibelwort: Und in keinem andern ist das Heil, auch ist kein andrer Name unter dem Himmel den Menschen gegeben, durch den wir sollen selig werden. (Apg 4,12)

„Siehe, wenn ich zu den Israeliten komme und spreche zu ihnen: Der Gott eurer Väter hat mich zu euch gesandt!, und sie mir sagen werden: Wie ist sein Name?, was soll ich ihnen sagen?" (Ex 3,13), so fragt Moses in der Geschichte der Gottesoffenbarung im feurigen Dornbusch Gott.

Moses' Anliegen ist nur zu verständlich. Auch wir möchten wissen, wer mit uns ein Gespräch führt, wie sein Name lautet. Unser Gegenüber ist dann in einem gewissen Sinne greifbar, bestimmbar, verortbar. Er hat einen Namen und damit können wir ihn ganz individuell und präzise bezeichnen und ansprechen. Wie viel mehr musste dies für Moses ein Anliegen sein angesichts seines großen Auftrages, das Volk Israel in die Freiheit zu führen. Doch Gott lässt sich nicht greifen, bestimmen, verorten. Er entzieht sich und gibt trotzdem darin und da hindurch eine gewisse Auskunft. „Ich werde sein, der ich sein werde." (Ex 3,14) Gott macht darin seine ganze Zuwendung, seine Treue und Verlässlichkeit deutlich für das, was nun kommen wird. Dennoch bleibt sein Name irgendwie im Nebel. Dies ändert sich erst in Jesus Christus. In der Geburt im Stall gibt sich Gott ganz zu erkennen. Der Engel hat seinen Namen schon vorhergesagt an Maria. Es ist Jesus (Lk 1,31). Und die himmlischen Heerscharen über den Feldern von Bethlehem verdeutlichen: „Denn euch ist heute der Heiland geboren, welcher ist Christus, der Herr." (Lk 2,11)

Stellen wir uns also erneut die Frage: Haben wir für Gott einen Namen? Ja, der einzige Name, in dem unser Heil und unsere Seligkeit begründet liegen, ist Jesus Christus. So wie es in der Apostelgeschichte heißt: Und in keinem andern ist das Heil, auch ist kein andrer Name unter dem Himmel den Menschen gegeben, durch den wir sollen selig werden. (Apg 4,12)

Lied: Ich möcht', dass einer mit mir geht (EG 209)
Gebet: Herr, unser Gott, wir danken dir, dass wir dich finden können, dass du dich erkennen lässt, ja beim Namen nennen lässt in Jesus Christus, unserem Herrn. So können und dürfen wir dich finden und Seligkeit in dir erlangen. Amen.

9. Wie kann ich zu Gott sprechen?

Lied: Lob, meine Seele, lobe den Herrn (EG* 691)
Bibelwort: Und Samuel sprach [zum Herrn]: Rede, denn dein Knecht hört. (1. Sam 3,10)

Wir alle kennen wohl die Zeichnung von Albrecht Dürer „Betende Hände". Nichts als zwei zusammengefaltete Hände sind dort zu sehen, und wir wissen, dass der Mensch, zu dem diese Hände gehören, ein Beter ist. So wird hier bei Albrecht Dürer das Wesen des Gebetes ganz in nur einer Geste zum Ausdruck gebracht, eben den betenden Händen.

Auf der Zeichnung von Lesser Ury „Gläubig aufblickender Mann" finden sich keine Hände, es ist weder ein Gebetsgestus noch überhaupt eine Geste zu erkennen. Wir sehen nur das Gesicht eines offensichtlich älteren Mannes. Doch gerade darin erkennen wir einen Beter. Der Kopf des Mannes ist halb schräg nach oben gerichtet, der Mund leicht geöffnet und die Augen weit. Es ist ersichtlich, dass dieser Mann nicht spricht, vielleicht hört er, auf jeden Fall schaut er, vielleicht hört er schauend. Doch wohin schaut er? Er schaut nach oben, auf etwas, das über ihm ist. Vielleicht schaut er nur an eine Decke? Doch die Augen verraten: Er schaut dann durch diese Decke hindurch in eine andere Wirklichkeit. Er schaut gläubig. Er schaut Gott. Das ist sein Gebet. Wortlos ist es. Es ist mehr ein Dasein vor Gott. Das ist jetzt sein *Dasein*. Und so ist er gegenwärtig vor dem Gott, der ihm gegenwärtig ist. Man mag das vielleicht eine mystische Erfahrung nennen. Der Liederdichter und Mystiker Gerhard Tersteegen verstand Beten als das Beschauen Gottes, wobei man selbst zugleich von Gott beschaut wird. In dieser *Beschaulichkeit*, die zugleich Konzentration und Gegenwärtigkeit ist, kann und soll sich ein Gebet vollziehen. So erinnert der „gläubig aufblickende Mann" in seiner gesammelten Aufmerksamkeit an den Propheten Samuel, der von Gott gerufen spricht: „Rede, denn dein Knecht hört." (1. Sam 3,10)

Lied: Gott ist gegenwärtig (EG 165)
Gebet: Herr, wie oft sind wir zerstreut und damit ungesammelt, ja oberflächlich, wenn wir zu dir beten. Verzeihe uns diese Respektlosigkeit, die nichts empfängt, weil sie auch offensichtlich nichts erwartet. Schenke uns Sammlung, dass wir gläubig aufblicken zu dir. Amen.

10. Können wir bestimmen oder bestimmt Gott?

Lied: Befiehl du deine Wege (EG 361)
Bibelwort: Dein Reich komme. Dein Wille geschehe wie im Himmel so auf Erden. (Mt 6,10)

„Der Mensch denkt, Gott lenkt!" Möglicherweise kennen Sie dieses Sprichwort eher in seiner säkularen Formulierung „Erstens kommt es anders und zweitens als man denkt". In beiden Fällen geht es um die Erfahrung, dass die Dinge sich nicht immer so entwickeln, wie wir uns dies vorgestellt haben. Wenn ich in die Küche gehe, um mir ein Glas Wasser zu holen, klappt die Sache mit meinem Willen meist recht gut. Da kommt mir selten die Idee in den Kopf, diese Handlung entspräche nicht meinem ureigensten Willen. Doch warum habe ich gerade jetzt Durst, warum trinke ich gerade Leitungswasser und nicht wie sonst Sprudel? Und wieso habe ich deshalb den Telefonanruf überhört?

Wir sehen, ganz so weit her ist es mit unserer Willensfreiheit vielleicht doch nicht. Ich kann zwar, wenn ich Durst habe, Wasser trinken wollen, aber kann ich wollen, dass ich Durst habe?

All diese Überlegungen fanden erst einmal ohne die Frage von Gottes Mitwirken statt. Doch die Bitte des Vaterunser-Gebets erinnert uns daran, dass Gottes Wille bei unseren Handlungen mit im Spiel sein könnte bzw. sein sollte. Wie kann das gehen? Kinder denken bei dieser Frage gerne an Bilder von Marionetten. Sie sind recht einfallsreich, wenn sie sich das im Detail vorstellen. Mal lässt Gott die Fäden locker, mal greift der Teufel zur Schere, mal passt Gott beim Spielen nicht recht auf. D.h., dass das Bild gar nicht so mechanisch gedacht sein muss, wie uns das auf den ersten Blick erscheint.

Doch für erwachsene Menschen ist das vielleicht zu einfach gedacht. Wenn wir eine Reise planen, dann erkundigen wir uns nach Fahrplänen, Wettervorhersagen etc. und sorgen durch entsprechendes Management von Gepäck, Reservierungen und Reiseproviant dafür, dass alles ungefähr so verläuft, wie wir es geplant haben. Und, Gott sei Dank, verlaufen die meisten Unternehmungen in unserem Land dann auch meistens so, wie wir es vorgesehen haben. Die Theologen haben sich über diese Frage schon immer den Kopf zerbrochen. Greift Gott nur manchmal ein, um zu bewahren, zu hindern oder zu korrigieren? Oder ist das, was wir meinen selber erdacht zu haben, letztlich Auswirkung von Gottes Initiative? Verwirklichen wir quasi das, was Gott will? Spielt es eine Rolle, ob wir etwas Gutes oder etwas Böses beabsichtigen? Aber weiß man das immer so genau, was das, was wir tun, im Endeffekt bewirkt? Vermutlich können wir diese Frage immer nur vom Ende her entscheiden – und bescheiden um das Geschehen von Gottes Willen beten.

Lied: Lobet den Herren (EG 447,1.3.7–8)
Gebet: Herr, wir meinen zu wissen, was wir wollen und was wir wollen sollen. Hilf uns zur Einsicht, dass wir in all unserem Wollen und Streben letztlich von dir getragen werden und dass es gut ist, wenn wir beten „Dein Wille geschehe!" Amen.

11. Was passiert mit unseren Verfehlungen?

Lied: Mit Ernst, o Menschenkinder (EG 10)
Bibelwort: HERR, zürne nicht so sehr und gedenke nicht ewig der Sünde! Sieh doch an, dass wir alle dein Volk sind! (Jes 64,8)

Der griechische Philosoph Platon bezeichnete Gott als den Besten und Schönsten. Doch ist diese Definition nicht unproblematisch. Schon Platon selbst leitete daraus ab, dass sich Gott dann nicht verändern dürfe, denn jede Veränderung brächte ihn von dieser Bestbezeichnung weg. Im Gegensatz zum Islam, dessen Gottesvorstellung gewisse Züge mit der platonischen teilt, erzählt die Bibel anders. Gott ist demnach ein leidenschaftlicher Gott, der liebt und zürnt. Mit ersterem können wir gut leben – die zweite Aussage irritiert uns. Doch wenn wir mit der Bibel annehmen, dass Gott den Weg der Menschen und den jedes Einzelnen begleitet, dann kommen wir nicht darum herum, uns dem Gedanken zu stellen, dass es Gott nicht egal sein kann, was wir tun. Ob der Vergleich mit einer menschlichen Beziehung wirklich passt, wird man offen lassen müssen. Wir können uns die Beziehung zwischen Gott und uns Menschen eben gar nicht anders vorstellen. Doch wenn es Gott nicht egal ist, was ich tue, dann ergeben sich auch ähnliche Probleme wie bei den Menschen, mit denen ich Umgang habe. Auf die Dauer funktioniert dieser auch nur in dem Maße, in dem ich Beziehungen pflege. Positiv ausgedrückt, wenn etwas schief gelaufen ist, dann kann ich es nicht aussitzen, sondern muss etwas unternehmen, dass der andere oder die anderen den Eindruck haben, dass alles wieder in Ordnung kommen kann. Korrekt bezeichnet heißt das, dass ich um Verzeihung bitte und mich auch bemühe, dass es in Zukunft besser wird. Ob mir das gewährt wird, habe ich selbst nicht in der Hand, ich kann es immer nur hoffen. Die Unsitte, sich zu entschuldigen, zeigt, wie sehr hier die Sitten verwildert sind. Ich kann mich nicht entschuldigen, d.h. von der Schuld befreien. Das können nur immer die tun, denen ich etwas zugefügt habe. Das gilt auch gegenüber Gott. Ob Gott zürnt, kann ich nicht wirklich wissen. Doch davon abgesehen, ist es gewiss richtig, darüber nachzudenken, was ich durch mein Tun auslöse – auch gegenüber Gott. Wenn ich eine solche Bilanz aufmache, dann liegt es nahe, mich auch gegenüber Gott so zu verhalten wie gegenüber denen, an denen ich in der einen oder anderen Weise schuldig geworden bin. Im Vaterunser sprechen wir deshalb zu Recht: „Und vergib uns unsere Schuld, wie auch wir vergeben unseren Schuldigern." (Mt 6,12)

Lied: Selig seid ihr (EG* 666)
Gebet: Herr, wenn wir ehrlich mit uns sind, dann müssen wir uns eingestehen, dass wir dir öfter Grund geben, mit uns unzufrieden zu sein. Doch oft möchten wir das gar nicht wahrhaben. So fällt es uns auch schwer, dich um Verzeihung zu bitten, denn dies wäre ja die Einsicht, dass nicht alles seine Ordnung hat und wir daran unseren unrühmlichen Anteil haben. Herr, hilf uns zu Einsicht und Demut! Amen.

12. Warum können wir uns selbst kein dauerhaftes Glück erwirken?

Lied: Viel Glück und viel Segen (Kanon)
Bibelwort: Wer auf das Wort merkt, der findet Glück; und wohl dem, der sich auf den Herrn verlässt! (Spr 16,20)

„Viel Glück und viel Segen ...", so singen wir es beim Geburtstagsständchen. Doch was wünschen wir damit, zumal dann – wie das Lied sagt – Gesundheit und Frohsinn noch extra dazukommen? Glück scheint mir erst einmal etwas Besonderes, aber Kurzlebiges zu sein. Ich bin knapp einem Unglück entronnen oder ich habe nach langem Suchen oder gar zufällig etwas gefunden, was ich sehr vermisst habe. Sigmund Freud hat die Kurzfristigkeit des Glücks betont und seine Abhängigkeit von seinem Gegenteil. Wer je Zahnschmerzen hatte, weiß, was es heißt, wenn diese aufhören. Es ist ein wahrhaftiges Glück.

Augustin erzählt nun die Geschichte von dem Fisch, der auf der Suche nach seinem Fressen gierig in den Köder beißt – mit den absehbaren Folgen. „Jeder ist seines Glückes Schmied", sagt das Sprichwort. Doch hat es Recht? Viele „Schmiede" stellen wohl fest, dass ihr Werkstück misslungen ist oder nicht wertgeschätzt wird. So garantiert die US-amerikanische Verfassung eben nicht Glück, sondern nur das Recht auf „Streben nach Glück". Das ist weise und realistisch formuliert. Wem man noch nicht einmal eine Chance gibt, sich um sein Glück zu bemühen, der ist wahrhaftig schlimm dran. Aber das Streben nach Glück hat eben auch seine Gefahren. Wenn es schief geht, sind wir doppelt enttäuscht; wenn es gelingt, sind wir gefährdet, es zu verlieren oder zu missbrauchen. Vor allem aber gilt: wir können es nicht festhalten. Von daher hat es einen guten Sinn, dass der Geburtstagskanon dem Glück den Segen zur Seite stellt. Doch was ist Segen? Eine flapsige Definition könnte sein: Segen ist das Glück, das wir geschenkt bekommen. Segen können wir uns nicht selber geben, ihn erbitten wir von Gott. Wenn wir den Segen als Segen erkennen, dann sind wir einigermaßen gefeit, dass wir uns an diesem „Glücks-Brocken" nicht den Magen verderben und nicht gleichzeitig einen Angelhaken mit verschlucken. Das heißt nicht, dass wir uns nicht um unser Glück bemühen sollen oder dürfen. Doch wo wir es erlangen, sollten wir es genießen und dankbar dafür sein. Festhalten können wir es meist nicht, aber wir haben die berechtigte Hoffnung, dass es uns wieder – wenn auch in anderer Gestalt – neu begegnen kann.

Lied: Lobet den Herren (EG 447,1–3,6–7)
Gebet: Herr, wir brauchen Glücksmomente, große und kleine. Wir tun viel dafür, dass wir sie erreichen – doch oft ist der Erfolg kleiner als unser Bemühen. Manchmal erfahren wir unverdientes, völlig überraschendes Glück. Dann leuchtet es uns ein, dass du es bist, der uns in segensreicher Weise immer wieder die Glücksmomente schickt, die wir brauchen. Amen.

13. Warum musste Jesus uns durch seinen Kreuzestod befreien?

Lied: Ein Lämmlein geht und trägt die Schuld (EG 83)
Bibelwort: Da nun Jesus ihren Glauben sah, sprach er zu dem Gelähmten: Mein Sohn, deine Sünden sind dir vergeben. (Mk 2,5)

Was ist Erlösung? Es fallen einem nicht viele Szenarien ein, in denen es um „Erlösung" geht – am ehesten noch ein Tod, der ein schmerzensreiches Leiden beendet. Mitten im Leben wird man eher nicht fündig. Das erklärt sich mit einem Gegenbegriff: Freiheit. Wir erleben uns im Prinzip als frei – mögliche Einschränkungen haben wir meist stillschweigend akzeptiert oder sie fallen uns kaum auf. Insofern ist Befreiung für die meisten von uns zunächst kein vordringliches Gefühl.

Oft geht es beim Thema Befreiung um recht materielle Dinge, z.B. Schulden. Die Zahl der Menschen hierzulande ist gar nicht so klein, denen die Schulden über den Kopf gewachsen sind und deren Lebensperspektive dadurch massiv eingeschränkt ist. Aus solch einer Lebenssituation werden Vorstellungen von Sklaverei plötzlich durchaus real. In solchen Lebenslagen braucht kaum einer zu überlegen, was er auf die Frage Jesu „Was soll ich dir tun?" (Mk 10,51) antworten würde.

Wie lässt sich Jesu Frage in unser Leben übertragen? Fühlen wir uns schuldig? Haben wir deshalb ein schlechtes Gewissen? In der Geschichte von der Heilung des Gelähmten vergibt Jesus Sünden und macht dann den Mann gesund. Letzteres wünschen sich auch heute viele Menschen, doch sie würden nicht recht wissen, was der Schritt der Sündenvergebung soll.

Wir verstehen es vielleicht besser, wenn wir nochmal unserem Gefühl, eigentlich frei zu sein, nachgehen – plötzlich wird bei vielen klar, dass nicht nur unsere persönliche Freiheit, sondern unsere Sicherheit an vielen Stellen bedroht ist. Die Bedrohungen sehen wir in mancherlei Ereignissen und Entwicklungen, doch wir vermuten wohl zu Recht, dass es sich auch um böse Absichten konkreter Menschen handeln könnte. Andere Menschen erkennen solche auch bei uns. Von daher beten wir zu recht um die Vergebung unserer Sünden – verbunden mit dem Versprechen, auch anderen die Sünden zu vergeben. Und zwar gerade auch den Bösen, genau wie Jesus es getan hat – wie wir wissen, mit voller Konsequenz. Gemäß dieser Überlegungen sind wir vielleicht nicht so frei, wie wir denken, und können dann das Erlösungsangebot Jesu Christi leichter annehmen. Allerdings verweist Erlösung uns immer auch darauf, dass wir in die Welt des Schädigens und Schuldig-Werdens durchaus verstrickt sind und von daher zu Recht im Vaterunser-Gebet bitten „Erlöse uns von dem Bösen!"

Lied: Hört, wen Jesus glücklich preist (EG* 670)
Gebet: Herr, oft fühlen wir uns schlecht und überlegen, wen wir dafür verantwortlich machen sollen. Wir ärgern uns, dass wir uns selbst nicht helfen können. Du kannst uns helfen, unseren Blick zu wenden. Hilf uns, unsere eigene Schuld zu erkennen und Hilfe von dir zu erwarten – damit wir dann auch sprechen können „Erlöse uns von dem Bösen!" Amen.

14. Ist Gott gerecht?

Lied: Wohl denen, die da wandeln (EG 295)
Bibelwort: Die Strafe der Toren ist ihre Torheit. (Spr 16,22)

Beim Tod von Terroristen der Roten-Armee-Fraktion äußerten sich Schüler/innen sehr kritisch dazu, dass diese ein „normales" Begräbnis erhielten, bei dem sogar ein Pfarrer mitwirkte. Die „absolut Bösen" sind offenbar für unser Verständnis von Gerechtigkeit von herausragender Bedeutung. Einerseits gehört es zu dessen Grundannahmen, dass – zumindest in der Ewigkeit – die Guten belohnt und die Bösen bestraft werden. Das Modell funktioniert am besten im Hinblick auf Heilige und allgemein anerkannte Bösewichte. Doch ein Sprichwort sagt, dass Gott durch eine Kreuzung von Bösen und Guten den „Durchschnittsmenschen" schuf.

Es ist für uns ein schwieriger Gedanke zu akzeptieren, dass mein linker Nachbar von Gott mit ewiger Seligkeit bedacht würde und mein rechter mit ewiger Verdammnis, nur weil der eine ein klitzekleines bisschen „gerechter" lebte als der andere. So ist der Gedanke eines irgendwie geschehenden Ausgleichs zwischen unserem Tun und unserem Ergehen einerseits eine Stütze jeglicher Moralität. Auf der anderen Seite merkt man, dass die konkrete gedankliche oder gar reale Umsetzung fast unmöglich ist. Wir trauen es immerhin Gott zu, dass er dazu in der Lage ist, irgendwie und irgendwann einen solchen gerechten Ausgleich herzustellen.

Bedarf es dazu bestimmter Strafen? Der Volksmund meint „Kleine Sünden straft der Herr sofort". Das ist so halb-ernst gemeint, wenn eine kleine Boshaftigkeit dazu führt, dass dem Täter ebenfalls etwas zustößt: Wer den andern anrempelt, der gerät u.U. selbst ins Stolpern.

Unsere verständnislose Unzufriedenheit betrifft vor allem die vielen, deren Unrecht offensichtlich ist und die unbehelligt leben, und die vielen, die als Gerechte leiden oder gar sterben. Greift Gott hier nicht ein? Wir werden diese Frage ebenso wenig beantworten können, wie die, warum die Bösen böse sind. Von Gott können wir zweierlei erwarten: dass er die Dinge spätestens am Ende der Zeit zurecht rücken wird – das meint sein „Richten" – und dass wir dies erst dann verstehen werden. Dies kann eine Pfarrerin oder ein Pfarrer an jedem Grab sagen.

Lied: Mit Ernst o Menschenkinder (EG 10)
Gebet: Herr, wenn wir an Strafe denken, sind wir innerlich uneins mit uns. Wenn wir von bösen Taten hören, verlangen wir Bestrafung. Schauen wir die einzelnen Menschen an, dann tun uns oft auch die Täter Leid. Wie mag es dir ergehen, wenn du unsere Taten siehst und beurteilst? Oft denken wir, dass das Unglück eigentlich schon passiert ist, wenn wir über Strafe nachdenken oder vom Wunsch nach ausgleichender Gerechtigkeit ergriffen sind. Hilf uns, uns immer wieder das Handeln und Denken deines Sohnes vor Augen zu stellen – damit wir ihm nachfolgen wollen. Amen.

15. Warum gibt es das Böse?

Lied: Ein feste Burg ist unser Gott (EG 362,1–2.6)
Bibelwort: Und führe uns nicht in Versuchung, sondern erlöse uns von dem Bösen. (Mt 6,13)

Gibt es eigentlich den Teufel? Es gibt unzählige Bilder, in denen er dargestellt wird. Schon Kinder kennen Details wie Hörner und Pferdefuß. Und es gibt unendlich viele Anekdoten und Witze. Heute lehnen wir in der Regel die Rede vom Teufel ab. Die Geschichten, in denen etwa Martin Luther immer wieder mit dessen Existenz konfrontiert worden ist, sehen wir als Ausdruck des Zeitkolorits. Nun ist es in der Tat schwer, in unserer Welt einen Raum für einen Teufel und seine Wohnstätte zu denken. Es wird zwar wärmer, wenn wir tief in die Erde bohren, doch die „Erdwärme" kann man leicht erklären und gegebenenfalls zum Heizen nutzen. Fehlt uns der Teufel?

Wer die täglichen Nachrichten aus der näheren oder ferneren Welt zur Kenntnis nimmt, der stößt immer wieder auf unfassbare Gräuel. Gerade das Schicksal eines bestimmten Opfers lässt uns immer wieder verzweifeln. Wie kann das sein? Und wir stoßen immer wieder auf Menschen, die nicht bloß ein bisschen böse sind, sondern durch ihren Befehl oder mit eigener Hand Zerstörung, Schmerz und Verzweiflung produzieren. Ist das noch menschlich? Es kommt einem buchstäblich der Satz auf die Lippen: „Welcher Teufel reitet die?"

Augustin hält dem entgegen. Das Böse gibt es nicht! Es gibt nur das Gute. Das Böse ist lediglich die Abwesenheit, der Mangel an Gutem. Dort, wo das Gute fehlt, passieren all die oben genannten Dinge. Viele Jahrhunderte später hat Karl Barth in anderer Form dasselbe zum Ausdruck gebracht: Er spricht vom „Nichtigen". Selbst Nichtastronomen kennen inzwischen die schwarzen Löcher, die alle Materie in sich aufsaugen. In Michael Endes „Unendlicher Geschichte" bedroht das Nichts die Welt der kindlichen Kaiserin. Vielleicht sind diese Bilder eines Nichts, das alles aufzusaugen versucht, heute treffender als die eines tierartigen Wesens, das sich dem Nichts gegenüber als „armer Teufel" entpuppt.

Es lohnt sich, den Blick zu wenden. Augustin fordert den Vergleich des Bösen mit Gott. Dessen Fülle drückt sich im Guten aus. Dem gegenüber verschwindet das Böse im Nichts. Für Augustin kommt es auf den Standpunkt, auf die Perspektive, die wir einnehmen wollen, an. Wir Menschen stoßen ständig auf das Böse und rätseln über dessen Ursprung. Wenn es uns gelingt, von Gott her zu schauen, können wir getröstet feststellen, dass „Nichts dahinter" ist, ohne damit Leid und Schmerz in ihrer erlebbaren Faktizität kleinzureden.

Lied: In dir ist Freude in allem Leide (EG 398)
Gebet: Herr, wo wir auch hinschauen, begegnet uns das Böse. Die Welt erscheint uns voller Teufel. Da ist es gut zu wissen, dass du es bist, der die Welt lenkt und leitet – und auch unser privates, individuelles Leben. Herr, zeige dich uns in den Zeiten der Anfechtung und des Bedrücktseins, damit wir Zuversicht gewinnen und Vertrauen, dass du es bist, der im Letzten doch diese Welt regiert. Amen.

16. Wer ist und was bewirkt der Heilige Geist?

Lied: Komm, Gott Schöpfer, Heiliger Geist (EG 126)
Bibelwort: Und als der Pfingsttag gekommen war, waren sie alle beieinander an einem Ort. Und es geschah plötzlich ein Brausen vom Himmel wie von einem gewaltigen Sturm und erfüllte das ganze Haus, in dem sie saßen. Und es erschienen ihnen Zungen, zerteilt und wie von Feuer, und setzten sich auf einen jeden von ihnen, und sie wurden alle erfüllt von dem Heiligen Geist und fingen an zu predigen in andern Sprachen, wie der Geist ihnen zu reden eingab. (Apg 2,1–4)

Am allerersten Pfingsttag geschieht es ganz plötzlich, unerwartet, buchstäblich aus heiterem Himmel. Menschen werden durch Gottes Geist „Feuer und Flamme" für ihren Glauben und füreinander. Sie teilen sich mit und teilen zugleich mehr miteinander, als sie noch wenige Minuten zuvor ihr eigen nennen konnten. In ihre Mitte ist ein guter Geist gekommen, der sie zueinander führt, sie verbindet und begeistert. Dieser gute Geist ist Gottes Heiliger Geist.

Was bedeutet das für uns heute? Die Rede vom „Heiligen Geist" ist uns oft nicht konkret genug. Wir fragen nach: Wer ist dieser Heilige Geist und was bewirkt er? Wozu brauchen wir ihn überhaupt?

Martin Luther gibt in seinem Kirchenlied „Komm, Gott Schöpfer, Heiliger Geist" eine einfache und klare Antwort: „Lehr uns den Vater kennen wohl, dazu Jesus Christus, seinen Sohn, dass wir des Glaubens werden voll, dich, beider Geist, zu verstehen." (EG 126,6)

Der Heilige Geist geht vom Vater und vom Sohn aus, schenkt uns den Glauben und das Verständnis für unseren dreieinigen Gott. Verständnis ist oft das Ergebnis eines langen Prozesses. Wenn wir etwa eine Fremdsprache lernen, dann braucht das Zeit. Vokabeln und Grammatik fliegen einem nicht zu. Eine gemeinsame Sprache ermöglicht es uns, einander zu verstehen. Das ist logisch. Der Glaube ist wie solch eine Sprache. Nur ist der Glaube, den uns der Heilige Geist schenkt, keine Fremdsprache, sondern vielmehr die eine ureigenste christliche Sprache, die überall verstanden wird. Sie ist nicht das Ergebnis eines langwierigen Lernprozesses. Sie will jedoch überall und zu allen Zeiten gesprochen, gepflegt und gelebt werden.

Wenngleich der Heilige Geist in vielen Gottesdiensten eher eine Nebenrolle spielt, entspricht dies also nicht seiner Bedeutung. Gerade aus diesem Heiligen Geist heraus lebt der Glaube, entfacht er sich immer wieder aufs Neue und entzündet Menschen wie am allerersten Pfingsttag für Gott und für einander.

Verfügen können wir über Gottes Geist nicht. Er weht, wo er will (vgl. Joh 3,8). Wir können ihn aber herzlich einladen, willkommen heißen und in allen uns zur Verfügung stehenden Sprachen bitten: „Komm, Geist des Lebens", „Come, Holy Spirit", „Viens, Esprit Saint", …!

Lied: Komm, Geist des Lebens/Come, Holy Spirit/Viens, Esprit Saint (Wort Laute. Liederheft zum Evangelischen Gesangbuch 20)
Gebet: Gott, Vater, Sohn und Heiliger Geist, komm zu uns mitten in unser Leben. Sprich uns an, lass uns Feuer und Flamme für dich und deine Welt werden. Heiliger Geist zieh in unsere Herzen ein und erfülle uns mit deiner Gnade. Amen.

17. Was bewirkt mein Glaube an Jesus Christus?

Lied: Jesu, meine Freude (EG 396,1–2+6)
Bibelwort: Spricht Jesus zu ihm: Weil du mich gesehen hast, darum glaubst du? Selig sind, die nicht sehen und doch glauben! (Joh 20,29)

Jesus ist für uns erst einmal weit weg: Sein Auftreten liegt zweitausend Jahre zurück und wir denken ihn uns „im Himmel", ohne genau zu wissen, wo der zu lokalisieren ist. Andererseits ist Jesus uns auch ganz nah. Wir feiern seine Ankunft an Weihnachten, teilen mit ihm das Leid seiner Passion und den Jubel seiner Auferstehung. Für die meisten von uns geht es um die Frage, wie wir das im Einzelnen jeweils nachvollziehen und verstehen können. Eine unmittelbare Nähe, wie sie uns die Mystikerinnen schildern, gelingt uns meistens nicht. Dabei mag es mehrere, verschiedene Ursachen geben, die uns den Zugang zu Jesus Christus erschweren.

Es macht uns heute meist wenig aus, dass uns der auferstandene Christus als „göttliches Wesen" begegnen soll. Aus unserem Alltag kennen wir in der Regel wenig Autoritätsängste. Dies war für die Menschen der Reformationszeit anders. Ihnen war klar, dass zwischen unserem Geist und unserer Seele und dem göttlichen Christus eine unendliche Differenz besteht. Trotz Gottes Menschwerdung taucht zu Recht die Frage auf, wie denn unsere unvollkommenen Wahrnehmungsorgane diesen Christus „fassen" können. Martin Luther gibt deshalb zu verstehen, dass die Frage falsch gestellt ist. Wir sollen nicht von unserer Unvollkommenheit und unseren mangelhaften Erkenntnismöglichkeiten ausgehen. Wichtiger und richtiger ist vielmehr, von Jesus Christus auszugehen. Er macht den Unterschied zwischen uns unsichtbar – er steigt zu uns herab und er hebt uns zu sich hinauf. Dann sind wir auf einer Ebene und all unsere Mängel spielen keine Rolle mehr. Unser Beitrag besteht lediglich darin, dies glaubend anzunehmen. Es ist von daher wohl kein Zufall, dass – entgegen dogmatischer Gewichtungen – das Weihnachtsfest immer mehr als das Christfest empfunden wird. Im Bild des Kindes im Stall wird jedem eine Chance gegeben, sich diese Begegnung der eigenen Seele mit Christus vorzustellen. So heißt es denn auch in dem Weihnachtslied „Lobt Gott, ihr Christen alle gleich" (EG 27,5): „Er wird ein Knecht und ich ein Herr; das mag ein Wechsel sein! Wie könnt es doch sein freundlicher, das herze Jesulein!"

Lied: Lobt Gott, ihr Christen alle gleich (EG 27,1–5)
Gebet: Herr, oft erleben wir dich als weit weg, und es fällt uns schwer, dich so konkret zu spüren, wie wir es brauchen. Wir wissen, dass wir oft viel dazu beitragen, dass diese Nähe nicht erfahren werden kann. Doch wir wissen, dass du auf uns Menschen immer wieder zugehst und uns die Hand reichst. Gib, dass wir in den Geschichten von Jesus Christus immer wieder dich erleben können, damit unser Glaube wachsen kann. Amen.

18. Wie gehöre ich zur Kirche?

Lied: Wo zwei oder drei (EG* 578)
Bibelvers: Denn wo zwei oder drei versammelt sind in meinem Namen, da bin ich mitten unter ihnen. (Mt 18,20)

Kirche ist ein Gebäude – so zumindest der erste Gedanke der meisten Menschen hierzulande. Oft sind Kirchen schöne Orte, sowohl von außen als auch von innen. Man besucht Kirchen, um sie anzuschauen, um still zu beten, zu meditieren, der Orgel zu lauschen oder um an einem Gottesdienst teilzunehmen.

Die Kirche stellt ein Angebot dar, von dem ich Gebrauch machen kann, so wie ich es mit einem Kino- oder Konzertbesuch halte. Allerdings hinkt dieser Vergleich an entscheidender Stelle. Wer ein Kino oder ein Konzerthaus betreibt, lässt sich leicht herausfinden. Doch wer „betreibt" die Kirche? Man kann vermuten, es sei die Pfarrerin, der Pfarrer oder eben deren Vorgesetzte. Schaut man ins Neue Testament dann ist es Jesus Christus, der die Kirche „betreibt". Kann man Jesus nun mit einem Organisator von Kinos und Konzerthäusern vergleichen? Beim Besuch im Kino, Konzerthaus oder Theater komme ich beglückt oder verärgert nach der Vorstellung heraus und bin auch gerne bereit, mein Urteil anderen mitzuteilen. Und ehrlich gesagt – beim Kirchenbesuch geht es mir oft ähnlich. Ist das so richtig?

Die Briefe des Neuen Testaments bieten uns ein anderes Modell von Kirche. Oft ist es das eines Leibes (z.B. 1. Kor 12,12–30). Mal bilden dann alle Christen zusammen einen lebendigen Leib, manchmal ist Jesus der Kopf und die Christen bilden den Körper. Mag das Bild uns fremd vorkommen, es ist auf jeden Fall etwas anderes als unsere Vorstellung vom Konsumenten. Denn wenn ich selbst Teil des Leibes Christi bin, dann kann ich nicht zur Kirche wie zu einem fremden Ort gehen. Denn dann bin ich selbst ein Teil dieser Kirche, ein „lebendiger Stein" (1. Petr 2,5) sozusagen. Wenn ich dann im Gottesdienst sitze, kommen die andern ebenso zu mir, wie ich zu ihnen komme. Es gibt dann kein „der oder die da vorne" oder „da oben".

Jesus sagt: „Denn wo zwei oder drei versammelt sind in meinem Namen, da bin ich mitten unter ihnen." (Mt 18,20) Also sind nicht nur der eine oder die zwei, die sich mit mir treffen, wichtig, sondern ich selbst bin es auch für sie. In manch kleineren Gemeinde ist es durchaus üblich, dass man vor dem Gottesdienst – etwa durch einen Telefonanruf – sicherstellt, dass genügend Teilnehmer und Teilnehmerinnen kommen. So erfahren der und die Einzelne, dass es ohne ihn und sie nicht geht. Gemeinde kann es also nur geben, wenn ich persönlich mit dabei bin. Kirche ist kein Konzert, kein Event. Kirche sind du und ich mit Christus vereint.

Lied: Die Kirche steht gegründet/The Church's one foundation (EG 264)
Gebet: Herr, oft sehen wir deine Kirche als etwas Fremdes an. Wir überlegen, was sie uns bringen kann oder soll. Herr, hilf uns zu erkennen, dass wir selbst deine Kirche sind. Wenn wir uns über „die Kirche" ärgern, vergessen wir meist, dass wir selbst oft Anlass zur Verstimmung bei unseren Mitmenschen sind. Herr, hilf uns, Zeugen deiner und unserer Kirche zu sein und zu werden, damit unsere Nächsten durch uns etwas von deiner Botschaft verspüren können. Amen.

19. Wer darf von Gott erzählen?

Lied: Ich lobe meinen Gott (EG 272)
Bibelwort: Ich danke dem Herrn von ganzem Herzen und erzähle alle deine Wunder. (Ps 9,2)

„Ich lobe meinen Gott von ganzem Herzen. Erzählen will ich von all seinen Wundern und singen seinen Namen", so heißt es in einem modernen geistlichen Lied, das eine Übertragung von Psalm 9,2f darstellt: „Ich danke dem Herrn von ganzem Herzen und erzähle alle deine Wunder."

Der Psalmbeter will erzählen von dem, was Gott Großes an ihm getan hat, wie ihm geholfen wurde durch ihn. Davon kann er nicht schweigen, er muss Gott geradezu preisen und von ihm reden. Dies ist eine Bewegung, die wir etwa in den Psalmen immer wieder finden. Menschen erzählen von Gott, weil sie sagen wollen, geradezu sagen müssen, was sie mit ihm erlebt haben.

Die ganze Bibel ist eine große Erzählung von Gott und sie geht bis in kosmische Dimensionen hinein. „Die Himmel erzählen die Ehre Gottes." (Ps 19,2) Ja, die ganze Schöpfung ist eine große Erzählung von unserem Herrn. Und das Evangelium selbst ist schließlich eine „frohe Botschaft". Die Apostel haben diese Botschaft überall verkündigt. Als der Hohe Rat ihnen das in der Apostelgeschichte verbieten will, antworten Petrus und Johannes: „Wir können's ja nicht lassen, von dem zu reden, was wir gesehen und gehört haben." (Apg 4,20) So trägt sich die frohe Botschaft weiter bis an die Enden der Welt.

Wir selbst sind ebenfalls aufgefordert, von Gott zu erzählen, ihn zu preisen, zu sagen, was wir mit ihm erlebt haben. So bleibt die Rede von ihm im Schwange, vervielfältigt sich, und es wird weitergesponnen an der großen Erzählung von Gott. Wenn wir von ihm reden, dann können wir Menschen, die Gott fernstehen, einladen, ihm Vertrauen zu schenken, sich ihm zu nähern und auch Teil der großen Erzählung zu werden. Und wir können uns gegenseitig auch stärken, wenn wir untereinander von Gott und unseren Erfahrungen mit ihm reden. Wir geben uns gemeinsam Kraft und Mut, werden bewegt und gestärkt. Wir können's ja nicht lassen, von dem zu reden, was wir gesehen und gehört haben.

Lied: Komm, sag es allen weiter (EG 225)
Gebet: Herr, unser Gott, mach unseren Mund überfließend, dass wir aus ganzem Herzen von dir reden, deinen Namen preisen und deine Botschaft weitertragen. Amen.

20. Wozu brauche ich Jesus Christus?

Lied: Wenn ich, o Schöpfer, deine Macht (EG 506)

Bibelwort: Denn ich schäme mich des Evangeliums nicht; denn es ist eine Kraft Gottes, die selig macht alle, die glauben, die Juden zuerst und ebenso die Griechen. Denn darin wird offenbart die Gerechtigkeit, die vor Gott gilt, welche kommt aus Glauben in Glauben; wie geschrieben steht (Hab 2,4): ‚Der Gerechte wird aus Glauben leben.' Denn Gottes Zorn wird vom Himmel her offenbart über alles gottlose Leben und alle Ungerechtigkeit der Menschen, die die Wahrheit durch Ungerechtigkeit niederhalten. Denn was man von Gott erkennen kann, ist unter ihnen offenbar; denn Gott hat es ihnen offenbart. Denn sein unsichtbares Wesen – das ist seine ewige Kraft und Gottheit – wird seit der Schöpfung der Welt, wenn man es wahrnimmt, ersehen an seinen Werken, sodass sie keine Entschuldigung haben. (Röm 1,16–20)

Das Kunstwerk „Kreuz vor Regenbogen im Gebirge" von Caspar David Friedrich zeigt uns einen Altar mit Bild. Auf diesem Altarbild fällt im Zentrum ein Kreuz auf, hinter dem sich ein Regenbogen wölbt. Im Hintergrund erhebt sich ein Gebirge. Es sind die drei Zentren, die dem Bild auch den Namen geben.

Es sind zugleich auch zentrale Themen unserer Gotteserkenntnis. Dass die Herrlichkeit Gottes, seine Macht und Schöpferkraft aus den Werken der Natur erkannt werden kann, betont schon der Apostel Paulus im ersten Kapitel des Römerbriefes. Und in der Tat: Der unvoreingenommene Betrachter der Natur, besonders in ihrer Majestät, wie sie sich hier z.B. in der Gebirgslandschaft abbildet, wird unwillkürlich nach dem Woher und Warum des Ganzen fragen. Der Gedanke, dass hinter allem „Natur-Ereignis" ein planender Geist steht, wird ihm dabei in den Sinn kommen. Aber wer das ist, das sagen ihm die Berggipfel nicht. Viele Fragen nach diesem Schöpfer bleiben noch offen. Um diese zu beantworten, braucht es mehr, braucht es Jesus Christus. Er ist die Antwort, wer dieser Gott ist und noch mehr: Er zeigt uns, wie dieser Gott uns gegenüber gesonnen ist. Im Vater Jesu Christi entdecken wir den, der diesen Kosmos, unsere Welt ins Dasein rief und der seine Geschichte mit dieser Welt und insbesondere mit uns Menschen in Christus zum Ziel kommen lässt. Am Kreuz Jesu Christi wird der Bund Gottes mit seinen Geschöpfen neu geschlossen und unüberbietbar bekräftigt. Damit weist das Kreuz von sich auf den ersten Bundesschluss Gottes mit Noah nach der Sintflut, der im Zeichen des Regenbogens stand.

Dass nun diese Aussagen von Kreuz, Regenbogen und Gebirge sich auf einem Altarbild zeigen, veranschaulicht uns, wo der gegebene Ort dieser Überlegungen und des Glaubens ist. Es ist die Kirche als Stiftung Gottes, als Gemeinschaft der Gläubigen.

Lied: Ich schau nach jenen Bergen gern (EG* 631)

Gebet: Herr, unser Gott, lass uns dich in der Schöpfung entdecken und in unserem Fragen das Kreuz finden, das uns weist in die Gemeinschaft mit dir und deinem Sohn und in die Gemeinschaft deiner Kinder in deiner Kirche. Amen.

21. Kommt etwas nach dem Tod?

Lied: Geh' aus mein Herz (EG 503,1–3.8–9)
Bibelwort: ... mitten auf ihrer Straße und auf beiden Seiten des Stromes Bäume des Lebens, die tragen zwölfmal Früchte. (Offb 22,2a)

Das Lied „Geh aus mein Herz und suche Freud" findet sich im Gesangbuch unter der Rubrik „Natur und Jahreszeiten" und gilt gemeinhin als eines der schönsten Sommerlieder kirchlicher Tradition: „Geh' aus, mein Herz und suche Freud in dieser lieben Sommerzeit an deines Gottes Gaben; schau an der schönen Gärten Zier und siehe, wie sie mir und dir sich ausgeschmücket haben, sich ausgeschmücket haben. Die Bäume stehen voller Laub, das Erdreich decket seinen Staub mit einem grünen Kleide ..."

Auf dem Bildausschnitt „Die Erwählten" von Giovanni di Paolo di Grazia aus dem 15. Jahrhundert ist ein wunderschöner Garten zu sehen, ein Garten im Himmel. Die Bäume „stehen voller Laub" und tragen reiche Früchte. Die Menschen, die Engel und gerade die Kinder scheinen, als befänden sie sich auf einer Gartenparty. Es herrscht eine gelöste Stimmung. Man begrüßt sich freudig. Engel und Menschen oder Menschen untereinander umarmen sich voller Herzlichkeit. Ein Mönch reckt in seiner gehobenen Stimmung die Hände nach oben.

Natürlich können wir uns den Himmel nicht ausmalen. Uns fehlen einfach die Worte und Begriffe in unserer menschlichen Sprache dafür. Doch in Bildern nähern wir uns dem womöglich etwas an, was den Himmel ausmacht. Giovanni di Paolo di Grazia hat sich buchstäblich ausgemalt, was die Menschen im Himmel erwartet – vielleicht inspiriert vom biblischen Bild des Baumes, der zwölfmal im Jahr Früchte trägt. In Gottes Himmel erwartet die Menschen – in den Augen des Malers – eine Art ewiges Sommerfest.

So führt uns dieses Bild wieder zu Paul Gerhardts Lied zurück. Denn der „Sommer seiner Gnad" (Str. 13) ist auch für Paul Gerhardt nur ein Abbild, ein Vorspiel dessen, was uns nach dem Tod erwartet. Und so heißt es denn auch weiter: „Welch hohe Lust, welch heller Schein, wird wohl in Christi Garten sein! Wie muss es da wohl klingen, da so viel tausend Seraphim mit unverdrossnem Mund und Stimm ihr Halleluja singen." (EG 503,10)

Lied: Geh' aus mein Herz (EG 503,10–11.13–15)
Gebet: So kann ich doch nur beten: „Mach in mir deinem Geiste Raum, dass ich dir werd' ein guter Baum und lass mich Wurzel treiben. Verleihe, dass zu deinem Ruhm ich deines Gartens schöne Blum und Pflanze möge bleiben." (EG 503,14) Amen.

22. Wer hilft mir im Jüngsten Gericht?

Lied: Mein Schöpfer steh mir bei (EG* 593)

Bibelwort: Wahrlich, wahrlich, ich sage euch: Wer mein Wort hört und glaubt dem, der mich gesandt hat, der hat das ewige Leben und kommt nicht in das Gericht, sondern er ist vom Tode zum Leben hindurchgedrungen. (Joh 5,24)

„Deshalb so beschließt er und spricht: ,Wer an ihn glaubt, der wird nicht gerichtet', setzt noch einmal die Beteuerung und spricht: Der Gläubige ist durch Christus schon aus dem Gericht, das bereits vorhanden ist, denn alle Menschen sind gerichtet und stecken im Gefängnis, sollen ewiglich verdammt werden, aber der Sohn Gottes ist gegeben, dass er uns aus dem Gericht erlöse. Wenngleich der Teufel und dein Gewissen noch so böse wären, ist dennoch diese Lehre und Trost gewiss, wenn allein dein Glaube rechtschaffen ist. Und du darfst dich dann nicht fürchten, dass Christus am Jüngsten Tage zu dir sagen würde: Gehe hin in die ewige Verdammnis, sondern spricht: ,Kommt her, ihr Gesegneten meines Vaters.' Wenn wir das mit unserem Herz fassen könnten. Welch eine Freude würden wir drinnen anrichten, dass man das Jüngste Gericht nicht fürchten würde." (Martin Luther, Reihenpredigten über Johannes 3–4, WA 47,102,19–30).

Luther geht es in diesem Auszug aus einer Predigt darum, seine reformatorische Erkenntnis anzuwenden. Der Glaube ergreift die Gnade Gottes und ist damit schon durch das Gericht hindurch, denn Christus spricht ihn frei von der Anklage des Teufels und des schlechten Gewissens. Und Luther fügt hinzu: „Wenn wir das mit unserem Herzen fassen könnten."

Warum ist das so schwierig? Warum fassen wir uns nicht ein Herz und gehen diesen wichtigen Schritt?

Wir vermögen es deshalb nicht aus uns selbst heraus, weil die Voraussetzung hierzu der Glaube ist. Diesen müssen wir geschenkt, also gratis, ohne unser eigenes Tun erhalten. Wir sind hier nicht die Aktiven, sondern diejenigen, die ohne äußeren Anlass empfangen.

Uns Menschen fällt es schwer, Luthers befreiende reformatorische Erkenntnis umzusetzen, denn die Kräfte des Alten, die in uns stecken, wollen uns scheinbar unbeirrt in der eingefahrenen Richtung halten. Wir befürchten, nur durch eigene Leistung, die auch ein bereinigtes Gewissen schaffen soll, vor Christus als Richter treten zu können. Dieser alte Weg, der ein Irrweg ist, löst bei uns Unsicherheit und Angst aus.

Das Kreuz Christi, an dem alles Entscheidende geschehen ist, soll uns als Wegweiser dienen und uns von allen einengenden Ängsten und Nöten befreien. Im Herzen müssen wir diesen alleinigen Wegweiser erkennen und im Glauben ergreifen. Dann würden wir frei und froh, wie Luther es ausdrückt: „Welch eine Freude würden wir drinnen [im Herzen] anrichten, dass man das Jüngste Gericht nicht fürchten würde."

Lied: Wer Gott vertraut, hat wohl gebaut (EG* 660)

Gebet: Herr, unser Gott, gib uns doch den Glauben und die Kraft, das fassen zu können, was du uns so wunderbarerweise versprichst: Dass unser Glaube an dich uns im Gericht bestehen lässt, weil du uns freisprichst. Amen.

23. Wozu brauchen wir Vergebung?

Lied: Komm, Herr, segne uns (EG 170)
Bibelwort: Was siehst du aber den Splitter in deines Bruders Auge und nimmst nicht wahr den Balken in deinem Auge? (Mt 7,3)

Auf der Lüftlmalerei ist sehr sinnenfällig das Bildwort aus Mt 7,3 festgehalten: „Was siehst du aber den Splitter in deines Bruders Auge und nimmst nicht wahr den Balken in deinem Auge?" (Mt 7,3) Der Mensch mit dem Balken im Auge steht stolz und selbstbewusst vor seinem Gegenüber und weist ihn auf den im Vergleich zu seinem eigenen Balken markant kleineren Splitter hin. Dabei nimmt er seinen Balken nicht im Geringsten wahr, obwohl dieser doch buchstäblich ins Auge sticht.

Es ist wohl kein Zufall, dass Splitter und Balken im jeweiligen Auge lokalisiert sind. Die Augen sind – so weiß es der Volksmund – der Spiegel der Seele. Augen erlauben Einblicke, die gegen jegliche Inszenierung sowie Selbst- und Fremdtäuschung immun sind.

Uns selbst sehen wir dennoch nicht mit denselben Augen wie die anderen. Das zeigt auch das Gleichnis vom Schalksknecht (Mt 18,23–35), dem all seine Schulden aus freiem Erbarmen heraus erlassen werden. Statt dieses unverdiente Glück nun auch seinen eigenen Schuldnern zuteilwerden zu lassen, besteht der Knecht unerbittlich darauf, sein Geld einzutreiben, koste es den anderen, was es wolle. Solch eine Hartherzigkeit bleibt nicht ohne Folgen: „Da befahl ihn sein Herr zu sich und sprach zu ihm: Du böser Knecht! Deine ganze Schuld habe ich dir erlassen, weil du mich gebeten hast; hättest du dich da nicht auch erbarmen sollen über deinen Mitknecht, wie ich mich über dich erbarmt habe? Und sein Herr wurde zornig und überantwortete ihn den Peinigern, bis er alles bezahlt hätte, was er schuldig war. So wird auch mein himmlischer Vater an euch tun, wenn ihr nicht von Herzen vergebt, ein jeder seinem Bruder." (Mt 18,32–35)

Die Vaterunser-Bitte „Und vergib uns unsere Schuld, wie auch wir vergeben unseren Schuldigern" (Mt 6,12), die den Bezug zwischen der eigenen zu empfangenden Vergebung und der Vergebung an andere betont, geht in dieselbe Richtung. Anderen zu vergeben, fällt uns oft schwer, weil wir keine Verbindung zwischen fremder und eigener Schuld herstellen. Die eigene Schuld wirkt auf uns außerdem kleiner, unwesentlicher und weniger gravierend. Wer steht schon gerne schlecht vor sich selbst da?

Dennoch gehören das Gewähren und Empfangen von Vergebung zusammen. In Jesus Christus begegnet uns Gottes Versöhnungs- und Vergebungsbereitschaft mit offenen Armen. Der göttliche Zuspruch der Vergebung wird in der Nachfolge Jesu zum Anspruch an unser eigenes Tun.

Lied: Wo ein Mensch Vertrauen gibt (Wort Laute. Liederheft zum Evangelischen Gesangbuch 94)
Gebet: Herr, mach' uns bereit, aus deiner Vergebung zu leben. Schaffe in uns zugleich auch die Bereitschaft, die anderen aus unserer Vergebung leben zu lassen. Amen.

24. Was ist der Unterschied zwischen Zeit und Ewigkeit

Lied: Der du die Zeit in Händen hast (EG 64,1–3.6)
Bibelwort: Ein jegliches hat seine Zeit, und alles Vorhaben unter dem Himmel hat seine Stunde. (Pred 3,1)

Als Kind beeindruckte mich die Geschichte vom Vogel, der alle 100 Jahre seinen Schnabel am Glasberg reibt. In der Geschichte heißt es, dass dann, wenn dieser Berg abgerieben sei, eine Sekunde der Ewigkeit vergangen wäre. Für mein Zeitempfinden war das ziemlich lang und die Schwachstellen dieses Bildes, z.B. die eine Sekunde der Ewigkeit, bemerkte ich noch nicht. Eigentlich kann man das, was Ewigkeit bedeutet, gar nicht verstehen. Eine endlose Dauer verbinden wir mit Langeweile oder einer Unsicherheit, die aus dem Mangel an Zeitstruktur entspringt. Wenn ich im Urlaub auf meine Uhr verzichte, dann spüre ich etwas von dieser Zeitlosigkeit – und ich empfinde es noch nicht einmal als beunruhigend. Aus der Physik vernehmen wir manchmal halbverstandene Aussagen, die Zeit sei wohl gar nicht so „fest" und „sicher", wie wir das empfinden. An den – schwer vorstellbaren – „Rändern" gibt es wohl eine andere Zeit. Obwohl diese Aussagen etwas anderes meinen als das fromme Reden von der Ewigkeit Gottes, so können sie uns als Gleichnis dafür dienen, dass unser Zeitempfinden nicht alles abdecken und erfassen kann. Für unsere auf Abwechslung hin angelegte Welt ist der Gedanke der Endlosigkeit in der Tat bedrohlich. In der kleinen Geschichte vom Mönch, der gerne die langweiligen Tätigkeiten verrichtet und schließlich erfährt, dass er – ohne es zu bemerken – in die Ewigkeit „hinüber gegangen" ist, da blitzt ein Gedanke auf, dass das ewige Fixiertsein auf Ende und Neuanfang uns etwas Ruheloses beschert. Ewigkeit heißt demnach, so wie es ist, ist es gut!

Es ist wohl kein Zufall, dass wir in besonders schönen Augenblicken den Wunsch verspüren, sie mögen ewig dauern. Der Tod erscheint uns dann als Endpunkt „irgendwie" nicht das letzte Wort zu haben, so wie es Redewendungen auf Trauerkarten ausdrücken wollen, wenn dort geschrieben steht: „Liebe ist stärker als der Tod".

An solchen Stellen wird deutlich, dass wir in unserer schnelllebigen Welt durchaus angewiesen sind auf den kleinen Vorgeschmack der Ewigkeit. Mit Gottes Ewigkeit nähern wir uns einer Größe, die im Grunde unfassbar bleibt – gerade weil wir immer versucht sind, sie mit unseren Zeiterfahrungen vergleichend zu begreifen. Diese Ewigkeit ist etwas „Himmlisches", von dem wir allenfalls eine Ahnung entwickeln können. Sie ist eine Hoffnung, die uns trägt. So beschreibt etwa der Choral den „Morgenglanz der Ewigkeit", das Erlebnis des Sonnenaufgangs, als solch ein gleichnishaftes, hoffnungsvolles Bild.

Lied: Morgenglanz der Ewigkeit (EG 450,1–2)
Gebet: Herr, es sind die besonderen Zeiten, die uns inne halten lassen, so dass wir – und sei es nur für einen Augenblick – Zeit bewusst wahrnehmen können. Dies gelingt uns dann besonders, wenn wir dir gegenüber treten. Im Angesicht deiner Ewigkeit sind wir dann auch in der Lage, „unsere Zeit" recht zu verstehen: als dein Geschenk, das uns Ordnung und Verlässlichkeit bietet. Amen.

Lied

Text: Jürgen Werth nach dem englischen Lied „I got you" von Paul Janz. Melodie: Paul Janz.
Rechte: 1976 Paragon Music Corp./John T. Benson Publ. Co Inc./New Spring Publ. Inc.
Rechte für D/A/CH: Small Stone Media Germany.

Textnachweis

Die Abschnitte „Was Kinder dazu sagen" geben – wenn im folgenden Verzeichnis nicht anders angegeben – von Larissa Seelbach geführte Gespräche in Auszügen wieder. Die Namen der befragten Kinder werden nicht genannt, um Zuordnungsmöglichkeiten zu vermeiden.

21 Aurelius Augustinus, Confessiones. Bekenntnisse (11,11–14). Lateinisch-deutsch, übers. v. Wilhelm Thimme, eingeleitet v. Norbert Fischer, Artemis, Zürich 2004, 549–551 (Conf. 11,1–14)

22 Brüder Grimm, Kinder und Hausmärchen (KHM 152)

27 Aurelius Augustinus, Über den Wortlaut der Genesis. De genesi ad literam libri duodecim. Der große Genesiskommentar in zwölf Büchern, Bd. 1, übers. v. Carl Johann Perl, Ferdinand Schöningh, Paderborn 1961, 156 (Gn. litt. 4,33,52)

28 Annette Güldner, Ich sage trotzdem ja! Glauben kompakt zur Tauf-Vorbereitung für Erwachsene, © Luther-Verlag, Bielefeld 2015, 26f

33 Thomas von Aquin, Summe der Theologie, Bd. 1, hg. u. übers. v. Joseph Bernhardt, Kröner Verlag, Stuttgart ³1985, 323–324 (STh I,93,1)

34 Heidi Kaiser, Ähnlichkeiten. Aus: Elfriede Conrad / Klaus Deßecker / Heidi Kaiser (Hg.), Erzählbuch zum Glauben, Das Glaubensbekenntnis, Verlag Ernst Kaufmann / Benziger, Lahr / Zürich 1981, 75

36f Quelle: Hessischer Rundfunk, hr-Fernsehen, 28. August 2011, 9.30 Uhr (Wdh. 3. Juni 2014); Gerhard Büttner eigenes Transkript.

39 Martin Luther, Disputation über den Menschen, 1536, in: ders., Lateinisch-deutsche Studienausgabe, hg. v. Wilfried Härle, Leipzig 2006, 663–669, hier 665–667

40 Brüder Grimm, Kinder und Hausmärchen (KHM 72)

45 Martin Luther, Der Große Katechismus. www.ekd.de/Grosser_Katechismus-Erste-Gebot-13480.htm; 30.01.2019

51 Anselm von Canterbury, Proslogion. Zit. in: Rochus Leonhardt, Grundinformation Dogmatik, Göttingen ³2008, 202f (Proslogion 2)
Thomas von Aquin, Summe der Theologie, Bd. 1, hg. u. übers. v. Joseph Bernhardt, Kröner Verlag, Stuttgart ³1985, 23–24 (STh I,2,3)

52 Antony Flew, „Der unsichtbare Gärtner", in: Paul M. van Buren, Reden von Gott in der Sprache der Welt, Zwingli Verlag, Zürich 1965, 8f

55 Gareth M. Matthews, Die Philosophie der Kindheit. Wenn Kinder weiter denken als Erwachsene, Weinheim/Berlin 1995, 7.

57 Martin Luther, Der kleine Katechismus. 2. Hauptstück. www.ekd.de/Kleiner-Katechismus-Zweite-Hauptstuck-13471.htm; 30.01.2019

58 Margaret Fishback Powers, Spuren im Sand. Übers. v. Eva-Maria Busch, Copyright © der deutschen Übersetzung 1996 Brunnen-Verlag GmbH, Gießen www.brunnen-verlag.de

63 Thomas von Aquin, Summe der Theologie, Bd. 1, hg. u. übers. v. Joseph Bernhardt, Kröner Verlag, Stuttgart ³1985, 106 (STh I,13,1)

64 Peter Bichsel, Kindergeschichten. © Suhrkamp Verlag Frankfurt am Main 1997. Alle Rechte bei und vorbehalten durch Suhrkamp Verlag Berlin

69 Aurelius Augustinus, Confessiones. Bekenntnisse. Lateinisch-deutsch, übers. v. Wilhelm Thimme, eingel. v. Norbert Fischer, Zürich u.ö. 2004, 11 (conf. 1,2)

70 Der betende Gaukler, nacherzählt v. Hubertus Halbfas. Aus: Der Sprung in den Brunnen. Eine Gebetsschule, © Patmos Verlag der Schwabenverlag AG, Ostfildern ¹⁹2016, 135f

72f Eigenes Material Gerhard Büttner

75 Anselm von Canterbury, Über die Vereinbarkeit des Vorherwissens Gottes mit dem freien Willen, in: ders., Leben, Lehre, Werke, übers., eingel. u. erl. v. Rudolf Allers, Wien 1936, 528f (zusammengefasst und vereinfacht)

76 © Gerhard Büttner

81 Thomas von Aquin, Des heiligen Thomas von Aquin, des englischen Lehrers, Predigten auf das ganze Kirchenjahr. Aus dem Lateinischen übersetzt von einem katholischen Geistlichen, Regensburg 1845, 42 (leicht gekürzt)

82 Christine Nöstlinger: Doktor spielen. Aus: Lene Mayer-Skumanz (Hg.), „Hoffentlich bald", Wien 1983, zit. in: Elfriede Conrad / Klaus Deßecker / Heidi Kaiser (Hg.), Erzählbuch zum Glauben. Das Vaterunser, Zürich u.ö. 1985, 383f

84f „Was Kinder dazu sagen". Aus: Gerhard Büttner / Petra Freudenberger-Lötz, „Eigentlich gibt Gott Verwarnungen, dass sie sich ändern!" Kindertheologische Überlegungen zur „Pädagogik Gottes". In: Christoph Bizer u.a., Die Gewalt und das Böse. Jahrbuch der Religionspädagogik, Band 19, Neukirchen-Vluyn 2003, 145–152

87 Aurelius Augustinus, Der christliche Kampf und Die christliche Lebensweise. Übertr. v. Andreas Habitzky, eingel. u. erl. v. Adolar Zumkeller, in: Adalbero Kunzelmann, Adolar Zumkeller (Hg.), Sankt Augustinus. Der Seelsorger, Bd. 3, Würzburg 1961, 8f (agon. 8)

93 Anselm von Canterbury, Cur Deus Homo, übers. v. Franciscus Salesius Schmitt, WBG, Darmstadt ⁵1992, 19ff

94 Paul Gerhardt, 1647, Evangelisches Gesangbuch (EG) 83

96f Eigenes Material Gerhard Büttner

99 Anselm von Canterbury, Proslogion / Anrede. Lateinisch / Deutsch, übers. u. kommentiert v. Robert Theis, © 2005 Philipp Reclam jun. Verlag GmbH, Siemensstraße 32, 71254 Ditzingen, 39–41 (Proslogion 10)

100 Nach Hause. Aus: Typisch! Kleine Geschichten für andere Zeiten, Hamburg 2005. Andere Zeiten e.V., www.anderezeiten.de, 35

105 Aurelius Augustinus, Enchiridion de fide, spe et caritate. Handbüchlein über Glaube, Hoffnung und Liebe, hg. v. Joseph Barbel (Testimonia. Schriften der altchristlichen Zeit, Bd. 1), Düsseldorf 1960, 37–39 (ench. 4,11–13)

106 © Gerhard Büttner

111 Evangelisches Gesangbuch (EG) 126,1–3.6

112 Wilfried Härle, Die Dreieinigkeit Gottes – in 90 Sekunden. Aus: Friedrich Johannsen / Wiegand Wagner, Arbeitsbuch Systematische Theologie für Religionspädagogen, Kohlhammer Stuttgart 2014, 80

114f Eigenes Material Gerhard Büttner

117 Martin Luther, Von der Freiheit eines Christenmenschen, zit. in: Luther lesen. Die zentralen Texte (bearb. u. erl. v. Martin H. Jung, hg. v. Amt der VELKD), Göttingen 2016, 59–60

118 Nach: Søren Kierkegaard, Philosophische Brocken, Kapitel 2, Eugen Diederichs Verlag, Jena 1910, 23ff. Quelle: https://studylibde.com/doc/6333980/der-koenig-und-das-bettelm%C3%A4dchen. 12.02.2019.

123 Aurelius Augustinus, Der christliche Kampf und Die christliche Lebensweise, übertr. v. Andreas Habitzky, eingel. u. erl. v. Adolar Zumkeller, in: Adalbero Kunzelmann / Adolar Zumkeller (Hg.), Sankt Augustinus. Der Seelsorger, Bd. 3, Würzburg 1961, 20 (agon. 22)

124f Das Geschenk des Rabbi. Aus: M.Scott Peck, Der wunderbare Weg. Eine neue spirituelle Psychologie, Vorwort von Thorwald Dethlefsen © 1989 Arkana Verlag, München, in der Verlagsgruppe Random House GmbH, Übersetzung: Elke vom Scheidt

129 Martin Luther, Dass eine christliche Versammlung oder Gemeinde Recht und Macht habe, alle Lehre zu beurteilen und Lehrer zu berufen, ein- und abzusetzen Grund und Ursache aus der Schrift (1523). Zit. in: Luther lesen. Die zentralen Texte, bearb. u. kommentiert v. Martin H. Jung, hg. v. Amt der VELKD, Göttingen 2016, 83–85

130 Zwölf Uhr mittags. Aus: Typisch! Kleine Geschichten für andere Zeiten, 2005. Hamburg: Andere Zeiten e.V., www.anderezeiten.de

135 Anselm von Canterbury, Cur deus homo? Warum wurde Gott Mensch? Zit. in: Rochus Leonhardt, Grundinformation Dogmatik, Göttingen ³2008, 283 (Cur Deus homo II,6)

136 Evangelisches Gesangbuch (EG 44) Strophe 1: Daniel Falk, 1819; Strophen 2 u. 3: Heinrich Holzschuh, 1829

141 Aurelius Augustinus, Enchiridion de fide, spe et caritate. Handbüchlein über Glaube, Hoffnung und Liebe, hg. v. Joseph Barbel (Testimonia. Schriften der altchristlichen Zeit, Bd. 1), Düsseldorf 1960, 151–155 (ench. 23,88–91)

142 Mittelalterlichen Erzählung: Zwei Mönche und der Tod: http://www.hospizgruppeschopfheim.de/hospiz-schopfheim-texte9-frage.pdf; aufgerufen am 16.02.2019

147 Martin Luther, Reihenpredigten über Johannes 3–4; [WA 47,102,19–30 (ins Hochdeutsche übertragen)]

148 http://gutenberg.spiegel.de/buch/anekdoten-unbekannter-autoren-9580/4; 30.01.2019

153 Martin Luther, Auslegung des Vaterunsers, 1519 [WA 2,119,5ff (ins Hochdeutsche übertragen)]

154 Aus dem Taoismus (gekürzt) http://www.geistigenahrung.org/ftopic2951.html; 30.01.2019

159 Thomas von Aquin, Summe der Theologie, Bd. 1, hg. v. Joseph Bernhardt, Kröner Verlag, Stuttgart ³1985, 79–81

160 Aus: Axel Kühner: Zuversicht für jeden Tag. © Aussaat-Verlag, D-Neukirchen-Vluyn, ISBN: 3-7615-5083-9, Quelle: www.miriam-stiftung.de. Gedanken für den Tag 08.10.2016

Bildnachweis

12 Sandro Botticelli, Augustin, 1480, Ognissanti, Florenz. www.wikmedia-commons

14 Anselm von Canterbury, unbekanntes Porträt, spätes 16. Jahrhundert, National Portrait Gallery, London. www.wikimedia-commons

16 Carlo Crivelli, Thomas von Aquin, 1476. www.wikimedia-commons

18 Lucas Cranach d.Ä., Martin Luther, 1529. www.wikimedia-commons

21 Abriss der Schöpfungsgeschichte aus der Schedelschen Weltchronik von 1493. www.wikimedia-commons

Literaturverzeichnis

Andere Zeiten e.V., Typisch! Kleine Geschichten für andere Zeiten, Hamburg [13]2015.

Peter Bichsel, Kindergeschichten, Frankfurt a.M. 1997.

Albert Biesinger / Helga Kohler-Spiegel (Hg.), Gibt's Gott? Die großen Themen der Religion. Kinder fragen – Forscherinnen und Forscher antworten, München [6]2013.

Anton A. Bucher, Kinder und die Rechtfertigung Gottes – Ein Stück Kindertheologie, in: Schweizer Schule 79, 1992, 7–12.

Gerhard Büttner / Petra Freudenberger-Lötz, „Eigentlich gibt Gott Verwarnungen, dass sie sich ändern!" Kindertheologische Überlegungen zur „Pädagogik Gottes". In: Christoph Bizer u.a., Die Gewalt und das Böse. Jahrbuch der Religionspädagogik, Band 19, Neukirchen-Vluyn 2003, 145–152.

Paul M. van Buren, Reden von Gott in der Sprache der Welt, Zürich 1965.

Elfriede Conrad / Klaus Deßecker / Heidi Kaiser (Hg.), Erzählbuch zum Glauben. Das Glaubensbekenntnis, Zürich 1981.

Elfriede Conrad / Klaus Deßecker / Heidi Kaiser (Hg.), Erzählbuch zum Glauben. Das Vaterunser, Zürich 1985.

Evangelisches Gesangbuch. Ausgabe für die Landeskirchen Rheinland, Westfalen und Lippe, Gütersloh [2]1996.

Reto L. Fetz, Die Entwicklung der Himmelssymbolik. Ein Beispiel genetischer Semiologie, in: JRP 2 (1985), Neukirchen-Vluyn 1986, 206–214.

Heinz von Foerster, Lethologie. Eine Theorie des Erlernens und Erwissens angesichts von Unwissbarem, Unbestimmbarem und Unentscheidbarem, in: Reinhard Voß (Hg.), Die Schule neu erfinden, Neuwied/Kriftel [4]2002, 14–32.

Hans-Ludwig Freese, Philosophische Gedankenexperimente, Weinheim 1995.
Annette Güldner, Ich sage trotzdem ja! Glauben kompakt zur Tauf-Vorbereitung für Erwachsene, Biele-
	feld 2015.
Hubertus Halbfas, Der Sprung in den Brunnen. Eine Gebetsschule, Ostfildern [19]2016.
Friedrich Johannsen, Wiegand Wagner, Arbeitsbuch Systematische Theologie für Religionspädagogen,
	Stuttgart 2014.
Kommt und singt. Liederbuch für die Jugend, Gütersloh 2015.
Rochus Leonhardt, Grundinformation Dogmatik, Göttingen [3]2008.
Gareth M. Matthews, Die Philosophie der Kindheit. Wenn Kinder weiter denken als Erwachsene, Wein-
	heim/Berlin 1995.
Karl Ernst Nipkow, Erwachsenwerden ohne Gott? Gotteserfahrung im Lebenslauf, München 1987.
Rainer Oberthür, Kinder und die großen Fragen – ein Praxisbuch für den Religionsunterricht. Unter
	Mitarb. v. Alois Mayer, München 1995.
Scott Peck, Der wunderbare Weg. Eine neue spirituelle Psychologie, München 1998.
Christian Smith / Melinda Lundquist Denton, Soul Searching. The Religious and Spiritual Lives of Ameri-
	can Teenagers, Oxford/New York 2005.
Margaret Fishback Powers, Spuren im Sand. Übers. v. Eva-Maria Busch, Gießen 1996.
Wort Laute. Liederheft zum Evangelischen Gesangbuch, Gütersloh [5]2007.
Karen-Marie Yust, God is Not Your Divine Butler and Therapist! Countering ‚Moralistic Therapeutic Deism' by
	Teaching Children the Art of Theological Reflection, in: Annemie Dillen, Didier Pollefeyt (Hg.), Children's
	Voices, Children's Perspectives in Ethics, Theology and Religious Education, Löwen 2010, 49–71.

Übersetzungen

Anselm von Canterbury, Cur Deus Homo, übers. v. Franciscus Salesius Schmitt, Darmstadt [5]1992.
Anselm von Canterbury, Proslogion/Anrede. Lateinisch/Deutsch, übers. u. kommentiert v. Robert Theis,
	Ditzingen 2005.
Anselm von Canterbury, Über die Vereinbarkeit des Vorherwissens Gottes mit dem freien Willen, in: ders.,
	Leben, Lehre, Werke, übers., eingel u. erl. v. Rudolf Allers, Wien 1936.
Aurelius Augustinus, Confessiones. Bekenntnisse. Lateinisch-deutsch, übers. v. Wilhelm Thimme, ein-
	gel. v. Norbert Fischer, Zürich u.ö. 2004.
Aurelius Augustinus, Der christliche Kampf und Die christliche Lebensweise, übertr. von Andreas Ha-
	bitzky, eingel. u. erl. v. Adolar Zumkeller, in: Adalbero Kunzelmann / Adolar Zumkeller (Hg.), Sankt
	Augustinus. Der Seelsorger (Bd. 3), Würzburg 1961.
Aurelius Augustinus, Enchiridion de fide, spe et caritate. Handbüchlein über Glaube, Hoffnung und
	Liebe, hg. v. Joseph Barbel (Testimonia. Schriften der altchristlichen Zeit, Bd.1), Düsseldorf 1960.
Augustin, Über den Wortlaut der Genesis. De genesi ad literam libri duodecim. Der große Genesiskom-
	mentar in zwölf Büchern (Bd. 1), übers. v. Carl Johann Perl, Paderborn 1961.
Luther lesen. Die Zentralen Texte. Bearb. u. erl. v. Martin H. Jung, hg. v. Amt der VELKD, Göttingen 2016.
Martin Luther, Disputation über den Menschen, 1536, in: ders., Lateinisch-deutsche Studienausgabe,
	hg. v. Wilfried Härle, Leipzig 2006, 663–669.
Thomas von Aquin, Des heiligen Thomas von Aquin, des englischen Lehrers, Predigten auf das ganze
	Kirchenjahr. Aus dem Lateinischen übersetzt von einem katholischen Geistlichen, Regensburg 1845.
Thomas von Aquin, Summe der Theologie, Bd.1, hg. u. übers. v. Joseph Bernhardt, Kröner Verlag, Stutt-
	gart [3]1985.

Abkürzungen

agon.:	De agone christiano
bapt.:	De baptismo
ciu.:	De ciuitate Dei
conf.:	Confessiones
ench.:	Enchiridion. De fide, spe et caritate
en. Ps.:	Enarrationes in Psalmos
ep. Io. Tr.:	In epistulam Iohannis ad Parthos tractatus
Gn. litt.:	De Genesi ad litteram
Pecc. mer.:	De peccatorum meritis et remissione et de baptismo paruulorum ad Marcellinum
s.:	Sermones
STh:	Summa theologica
WA:	Weimarer Ausgabe